ポジティブ思考になる10の法則

たった1分で人生が変わる黄金の言葉

百川怜央 著

セルバ出版

はじめに

「夢は見るためにあるんじゃない」、「夢は叶えるためにこそある」なんて気取った言葉。

ほんの4年前の自分には、とうてい素直に受け止めることができませんでした。いまから思うに、自分に自信がなかったからなのかもしれません。

ところが、ひょんなきっかけからポジティブ・シンキングの理論と実践に触れる機会を得て、「やらなかった後悔より、やった後悔のほうが、間違いなくやった分だけプラス」と発想転換。行動優先、率先垂範の習慣づけが、思いもかけなかった自分自身の変化と成長を促しました。

良い意味で人生「5年後、10年後はわからない」との期待感が、徹して未来志向の自分自身の行動につながっている毎日です。

数えてみると、ポジティブ・シンキングの実践に取り組み始めてはや4度目の夏。3年半の実践が本当に自分を変化させ、自分の行動力を大きく成長させました。

それは、はじめての海外一人旅の挑戦でした。

遠くドイツ・ベルリンに足を運んだ3年前の夏に、ポジティブ・シンキングの祖とし知られるエミール・クーエ著『自己暗示』（法政大学出版局）を携行し、行きの機内でクーエの論文を読み込んだ数時間が有効だったのでしょう。

クーエの提唱するアファメーションの英訳〝Day by day, in every way, I'm getting better and better.〟を終始口ずさみながらの一人旅を実践。

ストレスを感じることのないスムーズな海外旅行の進行を肌で感じることのできた私は、言語による意識的な誘導自己暗示の実践的な効果への確信をつかむことができました。

クーエのアファメーションは、あまりにもシンプルなためでしょうか、ポジティブ・シンキングに確信を得て実践を継続できる人が少ないそうです。

実践開始当初から効果への確信に恵まれ、私は本当にラッキーといっていいのかもしれません。

翌年の夏には旅行内容をより充実させ、ドイツ・フランクフルト〜ロマンティック街道〜ミュンヘンの各地を訪問。ディズニーランド・シンデレラ城のモデルとされるノイシュバンシュタイン城での最高の思い出は、生涯の心の財産の一つとなっています。

拙著第1作『ポジティブ思考』（セルバ出版）を出版した2012年の夏には、第2作『1分で身につく「ポジティブ力」』（セルバ出版）を出版させていただくと同時に、ドイツ語での研究論文の執筆に挑戦。研究成果を世界最古の大学の一つとして有名なイタリア・ボローニャ大学で開催の国際学会にて発表できました。

海外への単独旅行の内容がどんどん充実していく結果に、ポジティブ・シンキングの実践の顕著な効果を改めて確認。ふだんの生活のなかで感じている自分自身の成長ぶりを、「具体的な体験」

として実感できる機会に恵まれる幸せに感謝しています。

２０１３年のこの夏は、ギリシャ・アテネを訪問。5年に1度の世界哲学会が古代ギリシャ哲学の中心地アテネで開催ということで、大の哲学ファンの私としては、これはもう「行くっきゃない」でしょう。

さらに世界を代表する哲人・賢人が一堂に会した最高に充実の世界哲学会に参加した後、ミコノス島～サントリーニ島を巡る3泊4日のエーゲ海クルーズに参加させていただきました。

さて、このエーゲ海クルーズで不思議なことが起きました。

当初予定されていたサモス島への訪問が、高波のためパトモス島に変更。パトモス島というと、聖ヨハネが洞窟内で晩年を過ごし、ヨハネ福音書などを書き残したとされる地として知られます。

ヨハネ福音書というと「はじめにことばありき」の出だしで知られ、言語による意識的な誘導自己暗示の意義を強調する立場からもビックリ。

運命的なものを感じた私は、聖ヨハネの洞窟を訪問するオプショナルツアーに参加。神聖な空間のなかに身を置き、言語による意識的な誘導自己暗示によってまさに導かれている自分自身の身体に戦慄を覚えました。

思考をポジティブなものへと転換し、前向きで具体的な行動を引き起こすきっかけ。それが、他ならぬ自分自身の口から発せられたポジティブな言葉です。

ふだん頭のなかには、ポジティブなこともネガティブなことも思い浮かぶもの。この自分自身の思考をポジティブな発想のほうへ誘導するのは、言葉です。

本書は、いま一つネガティブな自分の殻を破りきれない方の変化と成長のお役に立てるものとなるでしょう。

平成25年10月

百龍嬉水のほとり・新神戸にて　百川怜央

ポジティブ思考になる10の法則―たった1分で人生が変わる黄金の言葉　目次

④ 歓喜の法則

⑤ 真実の法則

⑥ 永遠の法則

⑦ 建設の法則

⑧ 徳の法則

⑨ 無上の法則

①　転換の法則

1　本当に大切なこと

人はどういうときに、「本当に大切なこと」を思い出すのでしょうか?

自分にとって本当に大切なものは一体何かという問いは、意外とポジティブな経験からではなくネガティブな経験から考えさせられたりするものだとは思いませんか。

誰しも失敗の経験をきっかけに、「では成功するためには、どうするとよいのか」という問いかけを自分自身に真剣に投げかけます。何よりも「自分自身に誠実になる」きっかけをつかむことが、人生では大切です。

この意味では、決定的な失敗がより決定的であればあるほど、それは自分にとって最もポジティブな人生経験だといえるのかもしれません。

自分にはネガティブだと思えてしょうがないことこそが、実は自分にとって最もポジティブなことなのです。

このポジティブな思考回路が自分自身のなかに形成された人は、はっきりいって無敵です。

ややもするとネガティブな思考に陥ろうとする自分以外に敵はいなくなるわけですから、当然の道理なのです。

2 アメージング・グレイス

本来の自分のポジティブさに気がつくきっかけは、突然に自分に訪れます。しかも、それは自分にとって強烈なネガティブ経験として訪れます。全身が身震いするような凄まじい体験として、この経験が訪れます。

人によっては、それに耐え得ない場合もあるかもしれません。メタモルフォーゼ。殻を破って脱皮し、自分が変身する瞬間です。大丈夫です。事前準備を整えて、「本当の自分のあり方」に目覚める瞬間にそなえておくとよいのです。「備えあれば憂いなし」だとは思いませんか。

賛美歌「アメージング・グレイス」は、黒人奴隷貿易に手を染め巨万の富を得たジョン・ニュートンによる作詞です。彼は、１７７２年にその深い悔恨と、にもかかわらず許しを賜うた神の愛への感謝の思いをこの歌に込めました。

この歌を聞き込んでいた時期が、私にもあります。どのような失敗をしても、誰も責めることはありません。いままで見えていなかった「本当に大切なもの」に気がつくきっかけを、あなたは得ることに成功したのです。

いまやあなたは「本当にポジティブな何か」を見出すことができるのですから。

3　23字のポジティブ

「ポジティブのあり方」は、時代によって異なります。実際ポジティブとは一体どういうことをいうのかということについても、様々な表現形態があり得ます。

ですから、各種のポジティブのありようについては、その時代状況を勘案して歴史的に考証することが必要だとは思いませんか。

現代は、シンプルで簡単に実践できるものが好まれる時代です。ですから、現代的なポジティブとしては、体系的で論理的かつ緻密に根拠づけられた内容のものよりも、直観的で即座に実践に活用できる形式のものが望まれています。

いまから約百年前に活躍したフランスの薬学者、エミール・クーエはポジティブ・シンキングの元祖として知られています。クエイズムとして有名な彼の提唱したマントラは、現代的なポジティブとして秀逸です。

私はそれを「23字のポジティブ」と名づけたいと思います。その表現形態は至ってシンプル。「私は毎日あらゆる面でますます良くなっていきます」。この言葉を朝夕20回唱えるだけで、私たちの人生は一気に未来へと開けていきます。

4　ポジティブの実践者

ポジティブの実践者、行動者は、必ずネガティブな周囲の障害に見舞われます。ネガティブな人をポジティブにすることを目指して行動するのですから、それは当然のことです。

ですから、一旦自分でポジティブな実践に取り組むと決めた以上、決して周囲のネガティブに怯んではならないと思いませんか。

ポジティブな行動者の系譜に連なることで、自分もよりいっそうポジティブに変化し成長していくことができます。成功とは、自分自身の成長に他なりません。成功者とは、成長者の異名です。

成功者とは、「人々に喜びを与えて幸福にする人」です。貧乏な人や病気の人をこの世からなくして、「みんな生活が豊かになり健康に暮らせるように」と社会貢献の活動に取り組む人です。この思いこそが、ポジティブの心なのです。

ポジティブな行動と実践のなかに、ポジティブな心が宿ります。ネガティブを耐え忍び、それを克服していくポジティブな実践のなかでこそ、人々に喜びを与えようとのポジティブな心が体現されていくのです。

ポジティブな取り組みにおいては、まずは行動と実践が大切なのです。

5　言語による意識的な誘導自己暗示

ポジティブ・シンキングの元祖であるエミール・クーエの提唱した「言語による意識的な誘導自己暗示」の理論と実践は、本当に素晴らしいものです。

私自身、自分を「よりポジティブな自分へ」と自己変革していく際に、身をもって「23字のポジティブ」の実践に取り組ませていただきました。

それは自らの実践によって、マントラの内容を頭のなかで理解するのではなく、身体で読み込んでいく取り組みです。口から言葉を発するという意味では、この実践は「外面化」ですが、自分の身体にポジティブな思いを染み込ませていくという意味では、この実践は「内面化」です。

クエイズムには心理療法のたんなる理論的な説明ではなく、現実のなかで生活する人々が「どのようにすると自分本来のポジティブさを取り戻していけるか」ということの具体的な取り組みがあります。

「私はあらゆる面でますます良くなっていきます」と唱えるだけの実践。ここには、あらゆる人々に広く開かれた、時代と社会に直接的に関わりコミットしていくオープンでポジティブな精神が脈打っています。

6 ポジティブ・シンキング

たとえるなら、「23字のポジティブ」を唱えることは、日本人でいうと主食のごはんを食べる行為と同じです。自分の具体的な取り組みに合わせて個別の課題を扱った自己啓発書やビジネス本を読むことは、ごはんに美味しいおかずを添えるのと同じです。

深刻なネガティブに陥っているときには、詳しくて細かい具体的な取り組みを書き連ねた分厚い理論的な指南書よりも、単純でシンプルな取り組みだけに徹するほうが、問題の解決に向けて効果的となる場合があるものです。

絶対に崩れないポジティブな自分へと、大樹のように成長していくことが大切です。「23字のポジティブ」は、いわばその根幹となる実践です。根幹となる実践が本物であればあるほど、枝葉の実践も本物として活きるのです。

はじめのうちは、これほどまでエミール・クーエ流のポジティブ・シンキングをすすめる意味がわからないかもしれません。大丈夫です。シンプルな言葉には、力があります。

思考がポジティブな言葉に誘導され、ポジティブな思考からポジティブな情緒がもたらされるのを実感するのはこれからですから。

7　小さなポジティブから大きなポジティブへ

　ポジティブな実践は、まず自分一人で始めます。最初のうちは、ただ一人の取り組みかもしれません。しかし、必ず後に続く人が周囲から現れます。なぜなら、ポジティブな行動はそれ自体が力をもつからです。

　ポジティブな行動主義者であることが、自分を変化させ成長させていく上で必要です。思考とは一つの行動イメージですので、自分の思考を拡大して実現していくためにも具体的な実践が必要になります。「これくらいがちょうどいい」という言葉は、自分の現状に適度なポジティブ感をもたらします。現状への肯定感をベースにするために、まずは自分に「小さなポジティブ」を見出すことが必要で、この小さなポジティブをコアにしてより「大きなポジティブ」を目指します。

「23字のポジティブ」は、未来志向の拡大発想です。

　現状への不満感からスタートするのではなく、現状への肯定感をベースにさらなる高みを目指していく「ストレスなき」発想の拡大思考です。

「ネガティブからポジティブへ」ではなく、「ポジティブからよりポジティブへ」が現在から未来への基本発想です。

8　万人に開かれたポジティブ

ポジティブの秘密は、一部の社会的な成功者やお金持ち、頭脳明晰で賢い人に独占されるものではありません。ポジティブの秘密は、あらゆる人が共有することのできるシンプルでわかりやすい極めて単純で明快なものです。

ポジティブの秘密は、隠されたものでもなければ、特別に選ばれた誰かしか知ることができないような神秘的な何かでもありません。

それでは、ポジティブの秘密とは一体何なのでしょうか？

ポジティブの秘密とは、ポジティブな行動主義者しか知ることができない何かをいいます。ネガティブ思考にとらわれてしまった自分自身を自覚し、自己変革に目覚めて、ポジティブな行動習慣に自分を導いた人だけしか知ることのできない世界経験のことをいいます。

それは、自分の世界観が激変する経験です。それは一種の覚醒の体験であり、覚悟の体験です。

自分自身そのような体験を自分が自分の人生のなかで経験することがあろうとは、少なくともかつてのネガティブな自分は想像だにしていませんでした。それは万人に経験可能な、一つの悟達の境地なのです。

9　自分のポジティブを開示する知恵

自分自身の人間性がポジティブだと、自分を取り巻く環境もポジティブ化します。自分の内面がポジティブだと、自分自身の見た目もポジティブ化します。

逆にいうと、環境や見た目がポジティブだと、自分の内面がポジティブ化するのであって、内面と外面が完全に一致し、すべてがポジティブ化するのです。

自分の内なるポジティブに覚醒した人は、ポジティブへの道を誰もが通ることができるものにしようと開き示します。誰もが自分のポジティブさに目覚め、誰もが自分のポジティブさを悟ることを願います。ポジティブな人も、一人の人間です。人間以上の存在では、決してありません。

人間は、みんなポジティブです。人間以上の人間は決していないと思いませんか。普通の人間の姿のままでポジティブの秘密を知る境地に入っていくからこそ、ポジティブな人は尊いということができるかもしれません。

ポジティブの秘密は、人間の無限の可能性を認めるところからスタートします。ポジティブさをあらゆる人に認め、それを引き出す方途を開き示す取り組みは、深い意味で「人間教育」ということができるかもしれません。

10 ポジティブの賢者

自分のポジティブさを知る人は、自分のポジティブさに気がついていない人よりも賢いのでしょうか。

「自分だけ良ければいい」と、自己中心的な視点で自分のポジティブさを見つめるような人を本当に賢人と呼んでよいのでしょうか。

本当に自分のポジティブさに目覚めた人は、他の人にもポジティブさを見出し、それを引き出し開いていこうとします。あらゆる人が自分のポジティブさに目覚めることが、自分の喜びにつながる人を「ポジティブの賢者」というのです。

ですから、ポジティブの賢者は行動します。

ポジティブの秘密を知る賢者は、ポジティブなイメージによって行動が促され、思考の世界だけにとどまることができない人のことをいうのです。

自分自身の悟りを目指している人を、「ポジティブの賢者」とは呼びません。

自分の悟り入ったポジティブの道に、誰もが入ることができるように知恵を絞ること。これは、ポジティブの賢者の行動の基本にあるのです。

11　ポジティブを語るタイミング

ポジティブな人だけが知る秘密は深い体験に基づくものなので、普通には理解し難いもののように思われるかもしれません。ポジティブな人の言動は、時として周囲には奇異にうつる場面さえあるかもしれません。

言語による意識的な誘導自己暗示へのポジティブな取り組みが、自分のメンタル状態にどのような変化をもたらすかは、本格的にこの実践に取り組んだ人しかわからないものなのはたしかです。

ですから、この実践を広めていくときには、タイミングを知る必要があります。

まず、ポジティブな発言のタイミングを「待つ」姿勢を養いましょう。

次に、ポジティブな発言のタイミングを「見極め」ましょう。

さらに、ポジティブな発言をするタイミングを「つくり」ましょう。

そして、ポジティブな発言をするタイミングに「適う」行動をとりましょう。

ポジティブな知恵とは、ポジティブな実践のタイミングを知るということです。ポジティブな人は空気が読めない人と思われがちですので、このポジティブな知恵を絞る必要があるのです。

12 思いを「23字のポジティブ」に定める

ポジティブな言語による意識的な誘導自己暗示の実践が目指すところは、一体どのようなものでしょうか？　ポジティブに思いが定まり、何ものにも動じない澄み切った境地に入ること。このことを可能にするのが、「23字のポジティブ」です。

たしかに座禅や瞑想もメンタルコントロールにはとても効果があり、おすすめです。ただ日常の喧騒のなかでタイミングに適った実践としては、より簡単に取り組める「23字のポジティブ」を私はおすすめします。

現実社会の忙しさのなかでは、なかなかどこかにこもって本格的な修行に取り組む時間的な余裕がないのが実際かもしれません。

求められているメンタルコントロールの実践としては、むしろ毎日自分の心を磨いていきながら現実社会のなかにとび込むことを可能にする試みなのではないでしょうか。

誰もが自分のもつポジティブに目覚めていく実践。これが言語による意識的な誘導自己暗示、すなわち「23字のポジティブ」が目指す道です。現実社会から目をそらし、「無」の境地を目指す修行ではありません。

13 ポジティブな自分本来のペースで

ポジティブな発言の取り組みは、自分から内発的に行うものです。ネガティブな誰かのペースを拒絶して、自分のもつポジティブな思いのままに行動できる生き方って本当に素晴らしいとは思いませんか。

ポジティブな取り組みという場合、他の誰かから促されて、誰かのペースにしたがいながら取り組み始めるのではありません。誰からお願いされたわけでもなく、自らポジティブな発言の実践に取り組み始めるのです。実践のスタートの根本にあるのは、自分が本来もっている自発的なポジティブさなのです。

「こういうと相手によく思われるかもしれない」とネガティブな誰かの卑屈な思いに合わせて自分を卑下する言葉が、ポジティブな言葉ではないのです。ポジティブさとは、誰が何といおうと素晴らしいものです。その確信を自分自身に呼び起こすために自分の発言をコントロールするのであって、それはポジティブな自分への自覚を高めるために行うのです。

必ずしも周囲の理解が得られず、時には批判の対象とされる場面もあるかもしれません。それを乗り越えるのが、ポジティブ精神です。

② 確信の法則

14 深く心の奥にまで到達するポジティブ

ポジティブな取り組みのもつ深さに気がつくことができるのは、実際のポジティブな実践を通してです。ポジティブな取り組みの無限の可能性がわかるのも、理屈ではなく具体的な実践からです。

ポジティブのもつ深さや無限の可能性などというと、ネガティブな思いにとらわれた人には難しく感じられるかもしれません。

しかし、この言葉で表されているのはむしろポジティブのもつ素晴らしさであり、この表現でポジティブを称賛しているのです。

「木々の根が深いほど、その枝は生い茂る」ものですし、「水源地が遠いほど、川の流れは長い」のです。深さや無限の可能性ということで語られることは、ポジティブな良いことは長続きするものだということです。

ポジティブの知恵を称賛するのは、ポジティブな知恵を獲得した賢者だけが偉いということではありません。

むしろ実際はその逆で、あらゆる人がポジティブな賢者と同じに、自らが生まれながらにもっているポジティブさに目覚めていくことができるということを称賛しているのです。

15 「諸行無常」は「日々新た」

意図してポジティブに振る舞うのは難しいという人がいませんか？　意識的にポジティブな発言をすることの意味がわからないという人がいませんか？　ポジティブの道に入ることに理解を示さない人や、なかなかポジティブに行動する方向へと導くことができない人が、周囲にいらっしゃるのはたしかです。

ポジティブな取り組みというのは、たしかに一面では難しいかもしれません。これは、ポジティブな取り組みを称賛していうのです。意識的にポジティブな取り組みを行う意味に気がつくのが、人によっては難しいかもしれないということです。

「一切は無常である」「人生は苦しみに満ちている」とネガティブに現実を見ている人は、なかなかその思考から抜け出せないでいます。ネガティブ思考を断ち切るのは、ポジティブな言葉がもつ力です。

ネガティブな理屈で物事をとらえようとする発想を転換し、ポジティブな行動から現実を変革する方向に意識を向けることが大切です。故松下幸之助翁のいうとおり、「諸行無常」といってもとらえ返せば「日々新た」ということです。

16　確信が知恵に変わる

ポジティブな知恵とは、一体どのような内容をいうのでしょうか。「自分は賢くないので、知恵なんてないからポジティブは無理」と決めつけてしまうことはありません。

ポジティブな知恵とは、自分をポジティブにしていくために「23のポジティブ」の実践への取り組みを信じ抜くということです。

この実践には効果があると信じ抜き、ポジティブな取り組みへの確信を深めていくことが、ポジティブな知恵に他なりません。

難しいことがあるとすると、それはこの実践の継続です。ネガティブな苦しい局面にあってなお、ポジティブな発言の取り組みを続けることができるかどうか。ポジティブに振る舞う際の問題は、ここにあります。

「23字のポジティブ」を口にしている際には、たしかにポジティブな思いもネガティブな思いも心のなかにあるでしょう。それで構わないのです。ポジティブとネガティブの両方を思い合わせながら言語による意識的誘導自己暗示の試みを行うことで、あらゆる意識がポジティブな思考へと誘導されるのです。

17 「できる」との確信が成功への根拠を生む

自分は知性派で頭が賢いと思っている人ほど、ポジティブな知恵の道には入りにくいということがいえるかもしれません。ネガティブな要素をしっかり見据えないと、ポジティブなんていえないだろうと思いませんか。

ポジティブな知恵という場合、思考重視の考え方から、行動重視の考え方へと移行することが必要です。思考偏重だと、頭のなかにネガティブな「できない」要素ばかりを列挙しがちで、いつまで経ってもポジティブな行動に移れないとは思いませんか。

まず「できる」と信じて、その確信から行動をスタートしてみることです。自分のなかに成長と成功への確信となる根拠が、行動のスタート段階からあるというのは、現実の場面では非常にレアなケースだといえるでしょう。

ポジティブに行動することで、成功する根拠が生まれてくるのです。ポジティブな行動主義者になることが、何よりも大切。ポジティブな知恵というのは、頭のなかで考えを巡らせたり、机上で計画を練ったりする場面から生まれるケースよりも、自分の実際行動から生まれるケースのほうが圧倒的に多いのです。

18　全体の成功が自分の成功

ポジティブの大海に跳び込むには、勇気が入ります。必要なのは、自分も必ず「できる」という確信です。ポジティブな成功術を探し求めて、誰かから何かを聞いて満足している段階をどの時点で突破するべきでしょうか。

自分の学びを、自分が他の誰かにポジティブに語っていくこと。この決意が、本当にポジティブの道へと入っていく第一歩だといえます。人々のなかでポジティブを語る自分に変われるかどうか、これが、自分自身がポジティブの賢者になれるかどうかの分岐点だといえるでしょう。

自分の利益を求めて、自分がポジティブな成功法を人から聞いている状態だけにとどまっていては、自分の喜びを中心に物事を考えているに過ぎない段階です。ポジティブな誰かにサポートしていただく立場から、自分自身がポジティブに誰かをサポートしていく立場に行動を移していくことが、大切です。

自分に学びを与えてくださる方も、思いを同じくして、ポジティブに行動する人が現れるのを願っています。「自分だけの成功」を求める人から、「周囲の成功」も含めた「全体の成功」を求める人に成長することを目指しましょう。

19 人を信じることができる人がポジティブ

小さな自分にとらわれているかぎり、ポジティブな変化と成長はありません。小さなこだわりはさっさと捨てて、より大きな世界へ踏み出すことが必要だとは思いませんか。

自分のこだわりが小さいことかどうかは、他の誰かに語っていくとわかることです。どんどん自分を開放して、自分の大きさがどのくらいか、客観的に明らかにしていくとよいのです。

「頭が賢い」人が、ポジティブな人ではありません。

「自分が一番賢い」と思い込んでいる人は、世のなかにはたくさんいます。本当に賢いかどうかは、自分だけの世界ではわかりません。

ポジティブな人とは、「心が広い」人をいうのです。自分を開けっぴろげにして動じない人こそ、ポジティブです。

実際には、無知な人ほど人を軽蔑しているものです。ポジティブに知恵のある人は、人に寛容です。包容力をもって、誰に対しても接することのできる人。ポジティブな人のもつ人格とは、周囲の人への信頼感や敬意に裏打ちされています。

人間を信じることが「できる」人が、ポジティブなのです。

20　ポジティブな「言葉の力」

豊かな実経験を多く積むことが、自分の成長につながります。あらゆる機会を自分の成長のチャンスととらえて、学びの機会を多く獲得することが必要です。

広く深く物事を学んできた人のいうことには、説得力があるとは思いませんか。

自分自身が「言葉の力」を確信することができるためにも、学びの機会は大切です。

自分が学び、それを人に語ることです。

ポジティブな言葉の力は、要領では得られません。自分自身が、行動の人になることです。言葉の力は、実践のなかで鍛え抜かれるのです。

「私は毎日あらゆる面でますますよくなっていきます」。実践から得られるあらゆる効果が、「23字のポジティブ」には込められています。エミール・クーエも、言葉の力点は「あらゆる面で」という部分にあるといっています。

実経験を積んでいくなかで「23字のポジティブ」を唱えていると、この言葉が単なる形式にとどまらず、具体的な内容を伴うようになってきます。

活動に前進の実感が伴ってくると、「ポジティブの好循環」がスタートします。

21 クエイズムの成果をポジティブに活用

想像を絶するような難行苦行を経て、人は自分のポジティブさを知るのでしょうか？

苦悩に満ちた経験を経ないと、人間はポジティブの道には入れないのでしょうか？

まずは、「ポジティブになろう」という心を固めることです。わざわざ苦しい経験を経てから、ポジティブの道を志す必要はありません。

また、これ以上辛い思いをする必要も、決してないのです。

エミール・クーエの言語による意識的な誘導自己暗示は、さまざまな臨床経験から得られた一つのポジティブな成果です。

「23字のポジティブ」を有効に活用させていただき、私たちは自分のポジティブさを磨き高めさせていただきましょう。

「23字のポジティブ」を唱えるだけで、「いまこの場所で」「即座に」ポジティブなメンタル状態に入っていくことができます。

進んで口に出していく習慣付けを、自分の現実の生活のなかで行っていくこと。そして必要なのは、この実践を継続していくという決意だけなのです。

22　健康で爽やかな生活を

「絶望と不安」の毎日から「希望と前進」の毎日へと、自分の日常を変革していくことがポジティブな実践の目標です。憂鬱な毎日には金輪際おさらばして、爽やかで健やかな生活を送っていきたいとは思いませんか。「23字のポジティブ」に取り組んで、ポジティブな日常を自分の生活にもたらしましょう。健康で爽やかな生活は、自分の心からもたらされるのです。

「23字のポジティブ」のもつ効果を確信していくのに必要な要件は、四つです。

「勇んで行動する」こと。ポジティブな行動には、ためらいなく積極的に物事に取り組む姿勢が必要です。

「知恵を尽くす」こと。あらゆる側面に想像を巡らし、ポジティブに展開する自分の日常の状況に、はっきりと気がついていくことです。

「純粋な気持ちで取り組む」こと。自分のポジティブへの確信が、言語による意識的な誘導自己暗示の効果を高めます。

そして「不断の実践に取り組む」こと。途中でやめるのではなく、継続的に実践していくことで、ポジティブな実践を健全に体質化していくことです。

23 誰にもわかる「一生懸命」さを

ポジティブな取り組みには、誠意が現れます。

誠意とは、「一生懸命」さです。自分が成長して成功していく秘訣は何か、何事も「一生懸命」やること。このひと言に尽きるとは、思いませんか。

失敗を繰返しても最後に成功すると、プロセスの失敗は成功への糧だったということになります。

プロセスの失敗をものともせず、前進し続ける「一生懸命」さを自分の活動が発揮できているかどうか。このことを日常の取り組みで、心がけていく必要があります。

「一生懸命」さに基準はあるのでしょうか。誰の目から見ても、「あの人は一生懸命やっている」とわかるだけの「一生懸命」さ。

「自分では一生懸命やっている」との思いは、なかなか人には伝わりません。

堂々と自分の名前を、人前で名乗れるかどうか。

誰の前に出ても、恥ずかしくないだけの「一生懸命」さで何事にも取り組めているかどうか。

自分の実践への自信と確信が、周囲には「一生懸命」さとして伝わるのです。

真剣さと本気度が周囲に伝わる、ポジティブな取り組みを実践しましょう。

24　ポジティブの系列に連なる

ポジティブな人だけが知る秘密は深い体験に基づくものなので、普通には理解し難いもののように思われるかもしれません。ポジティブな人の言動は、時として周囲には奇異にうつる場面さえあるかもしれません。

言語による意識的な誘導自己暗示へのポジティブな取り組みが、自分のメンタル状態にどのような変化をもたらすかは、本格的にこの実践に取り組んだ人しかわからないものなのはたしかです。

ですから、この実践を広めていくときには、タイミングを知る必要があります。

まず、ポジティブな発言のタイミングを「待つ」姿勢を養いましょう。

次に、ポジティブな発言のタイミングを「見極め」ましょう。

さらに、ポジティブな発言をするタイミングを「つくり」ましょう。

そして、ポジティブな発言をするタイミングに「適う」行動をとりましょう。

ポジティブな知恵とは、ポジティブな実践のタイミングを知るということです。

ポジティブな人は空気が読めない人と思われがちですので、このポジティブな知恵を絞る必要があるのです。

③ 知恵の法則

25 自分自身をポジティブにお宝の存在に

発想を転換して、ポジティブな視点から物事をみていきましょう。

たしかに、誰しも自分の身をきらびやかに飾り立てたいという虚栄心や見栄があるかもしれません。しかし自分の外に、自分の身を飾るお宝を探し求めてはいけません。

たしかに、ふだんの持ち物や服装をブランドものでかためたり、世間体から周囲に聞こえの良いブランド大学の学歴を目指したりするのも、自分の身の飾り方の一つでしょう。

しかし、自分の成長とポジティブな成功という観点からみると、どちらも根本的な問題ではないとは思いませんか。自分を変化させるきっかけとしては、有効かもしれませんが、どちらも自分自身の成長に本質的には関わりません。

では、本当に大切な視点は何か。それは自分自身の外に自分の身を飾るお宝を求めるのではなく、自分自身をお宝として扱われる存在に成長していく視点です。

自分の活動する現場で、本当に活躍することのできる存在に自分を成長させること。投資対象の価値は、時と場合によって変動することが余儀なくされています。

自分自身をお宝へと高める自己投資が、一番確実なのです。

26　ポジティブな知恵は人を思う気持ちから

ポジティブに知恵を絞る人は、人のことを真剣に思って、その人の境遇に合わせて言葉を選びます。それは人への愛であり、慈悲の心に基づくものです。

時として難解な言葉で語られる哲学も読み手に合わせて説かれていますし、優しい言葉で語られる自己啓発書も読み手に合わせて説かれています。

人への思いやりに基づく行為は、それ自体素晴らしいものです。ただその表現の一つひとつにこだわりすぎると、ポジティブの本質を見誤ります。

人に合わせて説かれる思いやりの言葉は状況依存的で、あらゆる場面に適用できるものではないことを知りましょう。

「23字のポジティブ」は、状況に依存せず、あらゆる局面の見方をポジティブ化することを狙っています。ポジティブの知恵の真意は、あらゆる人々をポジティブな行動主義者にすることです。

言葉の適用可能な範囲が普遍的であることが、ここでは一つの特徴になっています。

こだわりによって、心が閉ざされます。こだわらないこと、とらわれないこと、かたよらないこと。心を開く言葉にこそ、より意識を向けていきましょう。

27　ポジティブを証明する実践

ポジティブを悪くいうネガティブな人が、時として現れます。

世のなかではネガティブな人が多数派で、ポジティブな人は少数派なんじゃないかって思う場面がありませんか。

本当はみんながポジティブなのが真実なのですが、自分の小さなこだわりからポジティブを誤解してしまっている人がいるのが現実なのかもしれません。現実のなかにあって、ポジティブな知恵をそなえた賢者の思いはどのようなものになるのでしょうか。

「ポジティブの賢者」の思いは、ひと言でいうと「みんなを自分の本来のポジティブに目覚めさせていきたい」との願いです。

そしてこの願いを実現するために、「23字のポジティブをどんどん未来に向けて広めていきたい」との思いです。

この「ポジティブの賢者」の真意を知る人こそ、「ポジティブな行動主義者」です。

実践の行動主義者がいてこそ、ポジティブな考え方や思考が広まるのですから、ポジティブを証明する実践にどんどん挑戦することが大切です。

28 ポジティブへの確信こそが最高の知恵につながる

ポジティブな実践の将来は、明るいです。

「お先真っ暗」との思いは、自分自身の勝手なネガティブな思い込みです。「一寸先は光」との確信で、ポジティブな実践を継続することが何より大切です。

ポジティブへの確信が、最高にポジティブな知恵へと変わるのです。自分の狭い視野では気づくことができなかったポジティブ現象の現れに、一通りのことが終わって、後から気がつくのが普通一般の人の常です。「思い返すと、あの時のあの出来事にはこういう意味があったのか」なんて発見の経験が、皆さんにはありませんか。

ポジティブな取り組みのプロセスのなかで、「どうしてこんなことが」自分の身に降りかかってくるのかとネガティブな思いにとらわれてしまう局面があるかもしれません。

「大丈夫だいじょうぶ」。

「何なんとかなるさ」。

ポジティブな確信の言葉が、自分の現状をポジティブに突破する最高の知恵を授けてくれます。

ネガティブ思考にとらわれず、「ポジティブな行動主義」で突き進む「継続こそ力」です。

29 ポジティブな言葉のほうから私たちに近づいてくる経験

ポジティブな真実に「近づく」というとき、この方向は二とおりあります。つまり、こちらからポジティブな何かに近づいていく方向と、ポジティブな何かのほうからこちらに近づいてくる方向です。

「23字のポジティブ」に取り組むなかで、体験的にわかってくることがあります。それが、このポジティブの方向性の問題です。これはポジティブな言葉のもつ力を実感として感じ始めると、気がつく事柄です。

はじめのうちは自分からポジティブな何かを求めて、誰しも「23字のポジティブ」を発言していきます。まずは自分の身体に覚え込ませるつもりで、ポジティブな言葉の習慣づけを行います。

自然なポジティブ発言が身につくと、ポジティブな何かのほうから自分のほうに近づいてくる経験が日常生活のなかで頻発し始めます。

「日常が奇跡に満ち溢れる」あるいは「奇跡が日常になる」体験が自分に訪れます。

幸せな自分を自覚し始め、ポジティブへの気づきの連続体験が起こり始めます。

「私は毎日あらゆる面でますます良くなっていく」ということにリアルな感覚が芽生えます。

30　ごく普通の一般人としてポジティブを発揮

私たちはごく普通の一般人、社会人です。そして現実の社会のなかでそれぞれの役割を果たしながら、生活を営んでいます。この意味では決して特別な存在ではありませんが、しかしそのことこそが実は尊いのです。

あらゆる人が、生まれながらにしてポジティブな状態ではないかもしれません。たしかに人によってはネガティブに感じられてしょうがないような状況下で、この世に生を得る場合もあるでしょう。

このネガティブな事態を逆転してとらえる観点が、ポジティブな視点です。これまで自分がとらわれていたネガティブな状況や状態を突破し自分を変化させ成長していくことができるからこそ、自分の本来のポジティブを発揮する舞台が整っているといえるのではないでしょうか。

普通の人と同じように悩みや苦しみの場面を経験しながら、自分のポジティブさを見出し周囲に元気や希望を与える存在に成長していくことが尊いのです。

特別な存在ではない人が、ポジティブに振る舞うことができる可能性を証明していく役割がポジティブな知恵を知る私たちにはあるのです。

31　原因と結果の法則をポジティブな視点から見る

ポジティブな対話は、お互いをポジティブに高めていきます。自分自身にポジティブな言葉を語りかける自分自身との対話は毎日の「23字のポジティブ」で、周囲の人と交わす毎日のポジティブなやり取りはスマイルのあいさつです。

あらゆる人の心にポジティブな思いを開くのは、自分自身の誠実な語らいです。お互いのポジティブな対話を大切にするのが、ポジティブな人間関係を切り開き築いていくための根本にあるのです。

物事には因果関係があるので、原因と結果の法則はあらゆる場面で見出すことができます。この原因と結果にポジティブな関係を見出すのが、ポジティブな対話です。

なぜなら自分では気づいていないポジティブな法則に周囲の人は気づいているかもしれませんから。

原因と結果の関係をネガティブな観点からだけ指摘し合う対話は、お互いの人間関係をネガティブに損ねていきます。

ポジティブな観点から自分たちを取り巻く出来事をとらえ、原因と結果のポジティブな因果関係を語り合う関係のなかでこそ人間関係の変化と成長があるのです。

32　ポジティブな原因と結果の関係は、お互いが絆で結びつくということ

ポジティブに物事を見て取る人は、原因と結果の関係を人間と人間の結びつきから考えます。お互いの人間的な絆を大事にして、一つひとつ未来志向で因果関係をとらえていくことがポジティブだと思いませんか。いまのポジティブな自分の実践が、将来のポジティブな人間関係の形成につながっていくのです。

たとえば、いま貧乏をしていて経済的に苦しくとも、お互いにポジティブな関係を築くことのできる人々は将来一緒に金持ちになってゆとりある生活をしていこうと手を取り合い、ウィンウィンの関係で、現状の打開を図り成長します。

お互いのポジティブな絆を自覚していくこと。つまりみんなが同じ立場から、あらゆる人々の幸福を願って自分がポジティブに変化し成長していくという人生の意義を共有していることに気がつくことです。

自分の変化と成長で、自分がポジティブに成功していく姿を現実に実証していくこと。それがお互いのポジティブな絆に、お互いに気づかせていく最大の要因となることを、原因と結果の法則から自覚して実践していくことが大切なのです。

33　執着する何かへの見方をポジティブに転換する

こだわらず、とらわれず、かたよらず、自由自在の人生を送っていきたいものです。とはいえ、何かにネガティブにとらわれるよりも、何かにポジティブにこだわる人生を送っていきたいと思いませんか。

何かに執着しているメンタル状況というのは、誰にもあるものです。執着を離れて自由自在に振る舞えないかと、セルフコントロールを志すのも一つの目標にはなるでしょう。

執着心をネガティブにとらえると、そこから離れたいという意識が強まります。

逆に執着心をポジティブにとらえると、できるだけ自分のこだわりを明らかにしてそれを現実生活のなかで活かすことができないだろうかと、自分の執着心の可能性を探る方向に意識が向かいます。

問題なのは、自分がこだわりとらわれている何かをネガティブにみてしまっている感情のほうにあるのかもしれません。

自分のイメージをポジティブに導き、こだわりへの感情をプラス化していく実践を、執着する対象へのポジティブな言語使用から取り組んでいくとよいでしょう。

34　知識を知恵のポジティブな関係

知識と知恵は違うというのは、よくなされる話です。簡単にいうと、知識は理論であり理屈なのに対し、知恵は実践であり行動なのです。

理論と実践は両方必要ですから、どちらが上でどちらが下という話ではありません。知識と知恵は、両方必要なのです。

ポジティブな知恵とは、ポジティブの理論と実践に取り組む人に一人でも多くの人を導くために絞られるものです。そのためには、まずポジティブな知恵とはどのようなものか明らかにしていく必要があります。その方途を示すのが、「23字のポジティブ」の実践です。

「23字のポジティブ」を単なる知識にとどまらせず実践し習慣化することで、ポジティブに考え行動していく自分が体質化していきます。「ポジティブの道に入るとは、こういうことをいうのか」と実感を伴う体験が待っています。

自分の思考を抽象的な知識から、具体的な知恵のほうに広げていくこと。自分の行動の一つひとつの場面に即して、具体的なポジティブ行動のあり方を見出していくことが、ポジティブな知恵を獲得することにつながります。

35　みんなに具わるポジティブな知恵

ポジティブな知恵というのは、実はみんな元々具えているものです。要は自分自身が本来具えたポジティブに気がつき目覚めるだけなので、簡単な話です。そのための手段が、ポジティブな方便「23字のポジティブ」です。

ポジティブな知恵を得るために、多額の金品を惜しみなく高額のセミナーに提供する必要などありません。「23字のポジティブ」は飲み代程度の負担で、みんなで集まってお食事しながら楽しく取り組むだけで十分です。

自己を律するために、厳しい戒律を自分に課す必要もありません。

「あれをしてはダメ、これをしてはダメ」というリミッターをかける発想とは根本的に異なります。

ポジティブな知恵を悟りの境地のようにとらえて、さまざまな困難に耐え忍ぶことが要求されることもありません。むしろここでは、ポジティブの完成を目指して必死に努力するようなイメージから解放されることが目指されます。

心を定めて微動だにしない境地に至ることよりもむしろ、七対三程度でポジティブなメンタル状態が達成されて、トータルで現実に自然なポジティブでいられる状態を目指します。

④ 歓喜の法則

36 修行観をポジティブに変えること

通常の社会生活のなかにあって、一般人にとって、瞑想や座禅などでの山ごもりの修行僧のようなメンタルコントロールは時間的に困難な現実があります。言語による意識的な誘導自己暗示は、この悩みを解決する一つの方策であるといえるかもしれません。

宗教上の修行で自分の変革に挑戦し、成功した人も現実には多くいらっしゃいます。ただ現実には一般人がそこまでのレベルの修行に取り組むのは困難な側面もあります。

「23字のポジティブ」は、誰もが簡単に取り組めるメンタルコントロールの手法です。朝夕20回「私は毎日あらゆる面でますます良くなっていきます」と唱えるだけの実践。朝夕それぞれ1分ずつ時間にゆとりをみるだけですし、特別な場所も必要ありません。

私の場合でいうと、地下鉄の駅のプラットホームや駅から自宅まで歩く間の路上などの場所が実践の空間になっています。

普通の声の調子で「23字のポジティブ」を唱えているだけ。特に、周囲から気にされることもないですね。

37　大きく考えること

心のなかに大きくイメージを抱き、未来志向で物事を考えていくこと。

無量の広大な自分の可能性を開いていくためには、自分のイメージをより大きいものに導いていく必要があります。

大きく考えるためには思考の基準を自分中心にせず、とことん多くの人に貢献していく方向で自分の実践を考えることです。そのために必要なのは、次の四つの心がけです。

まずは、人々に楽しみを与える心です。どうすることでみなさんをポジティブに導けるかを考え、行動すること。

次に、人々の苦しみを取りのぞく心です。自分の行動や発言が人を苦しめることにつながらないように気をつけ、むしろ人に癒しを与えていく存在になる意識です。

必要なのは、他人の楽しみをねたまず一緒に喜ぶ心です。

人の喜びを自分の喜びとして共有し、自分の幸福感を同時に感じられる人になること。

そして最後には、自分のとらわれた人と自分を差別化しようとの気持ちを捨てること。同様にポジティブさを共有できる仲間との絆を築いていく精神です。

38　過去と現在の自分を比較し成長を自覚すること

人と喜びを共有するためには、他人と自分を比較する観点を捨てる必要があります。むしろ必要なのは、過去の自分と現在の自分とを比較して、自分の変化と成長を自分自身の成功と見て取る観点です。

自分自身の人生を大きく考えイメージしていくためには、自分のポジティブな取り組みを途中で絶対にやめないという心構えが大切です。人との関わりを避けることなく継続していくことで、自分自身の成長の自覚も芽生えます。チャレンジ精神に意義を認め合う仲間との絆を、大事にしていきましょう。

チャレンジ精神に必要なのは、「勇気」です。人への思いやりとは、人と関わり合う勇気のことをいうのです。自分が変化し成長していくためには、関わり続ける勇気を持続することです。「だいじょうぶ大丈夫」「できるできる」の声かけで、あらゆる人と関わり合って自分の可能性を広げていくこと。

すると、自分の抱く自分自身へのイメージ自体が拡張されていき、対人関係が劇的にポジティブなものへと確実に転換されていきます。

39　インプットにもアウトプットにも柔軟に

ポジティブな知恵を具えるということは、ポジティブな考え方のインプットとアウトプットに自由自在ということです。

どちらにもリミッターがかからないことが自分自身のポジティブな思考の実現に必要ですから、両面で柔軟に頭を働かせていきましょう。

まずは、あらゆるポジティブな考え方に触れることができることが大切です。「あれは良くても、これはダメ」と自分の勝手な思い込みからネガティブに人の考え方を判別しないことです。

さらにその考え方の内容について、ポジティブにとらえることができることです。ネガティブな視点からものをみる習慣が身についてしまっていると、本来ポジティブなことでさえネガティブにみる人間になってしまいます。

アウトプットの側面からいうと、言語コミュニケーションに達者であることも大切です。

ポジティブな知恵を具えるということは、自分のなかにある考え方を周囲に楽しく語ることができるということにつながります。

プラスの言葉を編み出し、適切に繰り出すことができるように成長していきましょう。

40　プラスへの見極めとシフト転換の発言ができる人に

どういう振る舞い方が良いか悪いかということは、具体的な場面ごとに違うというのが実際です。ポジティブな知恵を具えた人は、実際のところどういった立ち居振る舞いがポジティブなのかを見極めることができます。

人が病気になったり怪我をしたりする場面、あるいは誰かがお亡くなりになった場面など、ネガティブな局面でのポジティブな振る舞い方はどういうものでしょうか。

経済苦でご家庭が不幸に見舞われた人を、どのような仕方で励ましていくことができるかどうか。個別の事情によって、求められた具体的な振る舞い方が異なる場面で、同苦の視点から相手の苦しみを抜き去る最適な励ましを与えることができる人が、ポジティブな知恵を身につけている人といえるでしょう。

ポジティブな知恵のベースにあるのは、未来志向です。

「いまこのときから何をしていくことができるのか」という前向きな視点へと、即座に相手の物事のとらえ方をシフトし、プラスへの変化をもたらすことができる発言ができる人に自分を成長していくことが大切なのです。

41　ポジティブな知恵の持つ力

ポジティブな知恵を身につけることで、私たちは一体どのような力をもつことができるのでしょうか。

具体的には、次のようなポジティブな力が挙げられるでしょう。

一つは、人々にポジティブを理解する能力があるということを知る知恵の力です。ポジティブなことをポジティブなこととしてそのまま適切にとらえる力が相手にあることを見て取り、適切に伝えることができる力があるということです。

もう一つは、人々のさまざまな思いを知る知恵の力です。相手がどのようなことをポジティブととらえ、逆にどのようなことをネガティブととらえてしまうか、相手の望みを適切に理解し対応する力をもつということです。

さらに、人々のさまざまな立場を見極める知恵の力です。人々のなかに入っていき、人々が喜んでくださる道を切り開いていくということ。人々の立場を知り、心を知るためには、人々のなかを歩んでいくことが是非とも必要です。

人々の心を知ることが、最高のポジティブにつながっていくのです。

42　何ものも恐れないポジティブの揺るがぬ確信

ポジティブな取り組みで、何ものも恐れないポジティブな自分への確信を身につけていきましょう。自信をもって行動する勇気を、自分のポジティブさを養うことで身につけることができます。

必要なのは、揺らぐことのないポジティブへの確信です。

ポジティブな行動と実践とが自分を成長へと導くという信念です。

そのためにも、ネガティブに負けないとの決意です。ネガティブに転んでも、ポジティブへと立ち上がる自分を習慣化していくことです。

同時に、人々にネガティブに負けないようポジティブさを与えることも大切です。ポジティブを目指す取り組みを共有できる人々の存在が、自分自身をポジティブへと導くのです。ポジティブに幸福への道があると断言し、同じポジティブな実践に取り組む人を拡大していくことです。

ポジティブへの確信からは、勇気が湧き出てきます。「人の抱く最大の恐怖は、成功への恐れである」という言葉があります。

突破すべき最後の壁をやすやすと突き抜けていくためにも、確信を共有できる友人を増やすことが大切です。

43　説得と納得

ポジティブな知恵をもつ人は、言葉に巧みです。

一見難しいと感じられる問題も、簡単に説明することができます。説得力のある言葉は、それ自体が力をもつとは思いませんか。

言葉に巧みであるとは、あらゆる事態を肯定的な言葉でポジティブに表現できるということです。あらゆる事態を肯定的にみる視点が、納得のいく言葉で表現されてこそ、事態を変化させ好転させていくきっかけが得られるのです。

ポジティブな知恵をもつ人は、プラスの言葉を巧みに選び口にすることができる人との関係を大切にします。なぜならポジティブさを適切に表現することができる人は、ポジティブな取り組みへの理解と納得を周囲に拡大することができる人ですから。

ネガティブな思考にとらわれた人に、ポジティブな思考の大切さを説得するのに必要なことは、粘り強い対話の継続です。

ポジティブな取り組みを持続し継続できる人を、最大限に称賛し賛嘆していきましょう。自分のプラスの言葉が、相手のプラスの言葉に力を生み出していくのです。

44　本当に優しい言葉

本当に優しい言葉とは、私たちを幸せに導く言葉です。

厳しい響きに聞こえる言葉も、それが私たちを幸せに導く言葉だと、本当の意味で優しい言葉だといえるって思いませんか。

ポジティブな知恵から出る言葉は、決して相手に媚びる言葉ではありません。時に厳しく聞こえる言葉も、そのなかに厳愛の思いが込められると、人の本当の優しさに包まれた思いになることができるでしょう。やわらかい言葉であっても、相手を不幸に導き入れる言葉は、結局相手にとって厳しい言葉であったことになってしまうでしょう。

必要なのは人を感動させる言葉、相手の琴線に触れる言葉を語り抜くことです。

ポジティブな知恵とは、現実逃避ではなく、現実のなかで自分の幸せを確立していくことを目指しています。

人の心を破壊する言葉を、口にしてはいけません。建設的でポジティブな言葉を用いると、相手の心を立ち直らせていくことができると同時に、自分自身の心を相手に本当に前向きに導いていくものです。

45　言葉と行動のポジティブな一致

言葉がポジティブに活きたものとなるためには、自分の口にした言葉が実際の行動と一致することが必要です。言っていることと行っていることが一致してはじめて、本当にポジティブな言葉になるとは思いませんか。

生きた言葉は、生き生きとした心から発せられるものです。また、生きた言葉を発していると、生き生きとした心がみなぎってきます。言葉と心の間に生まれる良いサイクルが、本当に自分のポジティブな行動を生み出していきます。

ポジティブな言葉とは、単に勢いだけの荒々しい言葉ではありません。むしろポジティブな言葉は、余裕と落ち着きが感じられる、丁寧で柔和な言葉です。誠実で真摯で礼儀正しい言葉が、はっきりと自分のポジティブを伝達することのできる言葉となるのです。

「荒々しい言葉は、根拠が弱いことを示している」といわれます。人を傷つけかねない強い言葉や戯れに面白半分で発せられた言葉は、決して本当のポジティブさにはつながりません。行動と言葉を一致させるには、相手の心の奥にまで染み渡る本当にポジティブな言葉を口にしていくことが大切です。

46　すべてが喜びに変わる「23字のポジティブ」

人を追いつめるのが、ポジティブな言葉なのではありません。

自分を追い込むのも、ポジティブな言葉ではありません。

口にすると人を喜ばせるのがポジティブな言葉であり、口にして自分が嬉しくなってくるのがポジティブな言葉だとは思いませんか。

人を喜ばせ納得させていくのがポジティブな言葉ですから、相手に応じて言葉が発せられると、時として表現が矛盾しているように感じられる場面があるかもしれません。

相手に合わせて語られる言葉は、場面場面では理解しやすいものです。

しかし状況が変わると、矛盾した言葉が発せられたように感じさせられ、途端に理解できないものに変じてしまいます。

あらゆる人に通用し状況を前向きに全肯定していく「23字のポジティブ」は、ただちにその素晴らしさが理解できないかもしれません。

まずは、取り組みの実践を重ねることです。

ポジティブが定着し体質化していくなかで、後から必ずこれ以上ないほどの喜びを得られます。

⑤ 真実の法則

47　すべてを喜びに変えるポジティブ

人は変化し、成長することができます。ですから、ポジティブに変化し、その変化を持続すると、5年後、10年後には素晴らしい成長を遂げることができるのです。

苦しみの人生を喜びに満ち溢れた人生に変えることができる。それが、「23字のポジティブ」なのです。

ポジティブが定着し習慣化すると、いつでも清らかで柔和な心持ちでいられるようになります。

一日中爽やかで晴れ晴れしい毎日が、自分の生活にもたらされます。

いつでも嬉しくて笑っていて朗らかで明るいので、ポジティブな人の周りにはよりいっそうのポジティブを求めるポジティブな人が集まり始めます。周囲がポジティブなので、自分自身のポジティブも良い影響を受けて、本当に自分が毎日あらゆる面でどんどん良くなっていることを実感できます。

人生で感じる苦しみも楽しみも両方を自分で受け止めて、「23字のポジティブ」を唱えるのです。

意識がよりポジティブな側面にシフトされていき、ネガティブ要素も含み入れながらポジティブのスパイラルへと入ることができます。

48　成長のチャンスととらえると、すべてがポジティブ化する

ポジティブな知恵を具えた行動主義者は、ネガティブな逆境をも「自分を成長させるチャンス」だとポジティブにとらえるので、前進前進ですべてを乗り越えていくのです。

「逆境も順境」「向かい風も追い風」の境涯へと変化し成長していくことが、ポジティブな実践の目標です。

高い壁も「このレベルに挑戦できる自分に成長できて幸せだ」と言い放ってしまいましょう。物事の見え方が１８０度逆転するのが、言語による意識的な誘導自己暗示の真骨頂です。

どのような外面の状況にも左右されない「内面のポジティブ」が確立されると、あらゆる外面の状況がポジティブに見える境涯に至ります。

ポジティブ思考の定着が、あらゆる局面においてポジティブな発言と行動を呼び起こし、あらゆる外面的な状況をポジティブ化する方向で具体的な実践をとることのできる自分へと成長させるのです。

ポジティブな言葉は、伝播していきます。「まずは自分」が、ポジティブな言葉を発する最初の一人になることが何よりも大切なのです。

49　自分自身のポジティブを開く

自己暗示とは、セルフサジェスションの訳語です。

サジェスションの訳語として「暗示」という言葉が用いられていますが、私はポジティブの効用から考えると「暗示」という訳語より「開示」という訳語のほうが実際に近いかもしれないと思います。

「23字のポジティブ」への取り組みの目的は、本来自分に具わっているポジティブな知恵を開き示していくことにあります。

自分自身のポジティブを開くこと。それがポジティブな実践の唯一の目的であるといってもいいかもしれません。

自分のもつポジティブを全身で開き示していく行動。

全身で仲間のポジティブを受け止め切っていく実践。

満面の笑みを互いに交わし合うことのできる心通い合う友達。

素直な自分のポジティブな気持ちにしたがって、恥ずかしがらずにプラスの自分を出し切れる仲間との交流ほど、ポジティブを開き示していけるきっかけはありません。

50　ポジティブの真実のありのままのすがた

では、いよいよポジティブの真実のありのままのすがたを表現しましょう。

ポジティブの主体である自分自身とその周辺の環境世界。あらゆる現象のポジティブな真実ありのままのすがた。

その内容は一体どのようなものなのでしょうか。

ポジティブの真実のありのままのすがたとは、「このようなこと」です。

1番目は、外に現れたポジティブのすがた。2番目は、内にあるポジティブの性質。3番目は、内と外とを合わせたポジティブの全体。4番目は、潜在的にポジティブがもつ力。5番目は、ポジティブな力が外に向かって働きかける作用。6番目は、ポジティブな何かが起きるときの直接原因。7番目は、その原因を引き起こす縁になったポジティブな間接条件。8番目は、直接原因と間接条件によって生じたポジティブな結果。9番目は、ポジティブな結果が出来事として外に現れること。そして10番目は、以上のすべてがポジティブに関係し合って一貫性をもつことです。

あらゆるポジティブ現象の全体。あらゆるポジティブ現象のもつ働き。この両者の一貫性。

あえて表現すると、ポジティブとは「このようなこと」です。

51　ポジティブの真実のすがたの具体例

自分自身の存在もまた、あらゆるポジティブな現象の一つです。

自分がスマイルで背筋をピッと伸ばしてハキハキしているのは、外に現れた自分のポジティブなすがたです。

自分自身の心のなかにある前向きで優しい性格は、内なるポジティブの性質です。そして、ポジティブなすがたと性質から成り立っている自分のポジティブな心身の全体があります。この自分の心身の全体で、ポジティブな力を私たちは発揮することができます。このポジティブな力が、外に向かってプラスに働きかけます。

この自分自身の心身の全体が原因となって、内外からのさまざまなポジティブな御縁が加わって、自分自身の心身の全体に変化が起こり、それがそのまま現実のポジティブな結果となって現れます。

このポジティブな一連の流れは一貫していて、何一つ欠けることはありません。

このポジティブな動きは、ポジティブの主体である自分自身の心身の全体とその周辺の環境世界を終始一貫して織りなしているのです。

52　ポジティブの見極めに必要な視点

ポジティブの真実のありのままのすがたは、人間だけに見られるものではありません。道ばたに咲く一輪の小さな花にも、どれ一つかけることなく見られます。無生物も同様です。あらゆる物事を表面的にだけ見るのではなく、その奥行きや広がりをとらえていくことがポジティブです。ポジティブな知恵であらゆるポジティブな現象を見ていくと、その真実のありのままのすがたがわかるのです。あらゆる物事の本質を見極めるのが、ポジティブな知恵なのです。

このポジティブの見極めに必要なのは、五つの視点です。

さえぎるものがあると見えなくなる人間の肉眼が一つ。

昼夜、遠近を問わず見える科学技術を利用した眼が一つ。

深い思索によって物事を判断する一般の賢人の知恵の眼が一つ。

人々に喜びを与えようとポジティブの法則から見るポジティブの賢人の知恵の眼が一つ。

そして、あらゆる物事を宇宙大に見通す神の眼が一つです。

あらゆる現象は過ぎ去るので、ポジティブな知恵は法則の見極めを目指します。この見極めができる人こそ、ポジティブな賢人なのです。

53　ポジティブな現象と法則は一体

ポジティブな現象の奥に、ポジティブな真実のありのままのすがたを見出していきましょう。ポジティブの法則を見極める眼を養って、ポジティブの賢人に成長することが大切です。

ポジティブな現象の奥にポジティブの法則を見出すといっても、現象と離れて法則があるわけではありません。

ポジティブの現象と法則の関係は、両者があくまで一体だということのうちにあります。現象に即して法則を見、法則は現象としてだけ存在するということを見極めるのがポジティブの賢人の眼です。

ポジティブな現象がプラスの波であるとすると、ポジティブの法則はプラスの海です。プラスの波は海から生じていて、また波として現れない海もありません。この両者は、あくまで一体です。

ポジティブの法則をきれいな鏡であるとすると､ポジティブな現象はきれいな鏡に映った像です。

ポジティブな光があるところ、ポジティブな像が映らないきれいな鏡はありません。

ポジティブな光とはポジティブな言葉であり、私たちがこの世での生を謳歌する歓喜の声なのです。

54　すべてはポジティブのすがた

人の心は一日中同じ状態ということはなく、ありとあらゆる変化を見せるものです。心のあらゆる変化を、ポジティブの真実のありのままのすがたに他ならないものととらえましょう。

ポジティブの主体である自分自身と、その周辺の環境世界のすがた。それがことごとく、あらゆる現象のポジティブな真実ありのままのすがたなのです。

変化を変化としてありのまま受け止め、すべて自分のポジティブの心のなかで受け入れていきましょう。

「あらゆるものが変化する」ということは、一つの法則です。

ポジティブの法則とは、「あらゆるものがポジティブに変化する」ということに他なりません。すべてを「事態は好転している」を受け止め切っていく心の状態が、ポジティブ思考の本質だといってよいでしょう。

喜びのなかですべてを受け入れ、現実にポジティブな世界観を自覚するための「23字のポジティブ」です。現象と法則とがポジティブのすがたとして等しいととらえるポジティブな視点からみて、現象と法則とは一体なのです。

55 行動をプラスに導く鏡の像

「23字のポジティブ」を口にして、そこから何を思考し始めるかということ。このことが自分の内心の鏡なのです。

ポジティブな言葉からポジティブな思考が導かれ、そこから展開するイメージこそ、現在の自分を映した鏡です。

自分の思考だけに頼ってイメージトレーニングし、現象を分析して自分の心のなかに法則を見出そうとすること。目の前に見えている現象がありのままの真実だから、そこから何らかの法則を見出すと事実がわかると考える見方もあるでしょう。

ネガティブなバイアスがかかった思考からはマイナスの現象分析しか出てこないですので、事実にネガティブな解釈が加えられ、それが真実であるということになってしまいます。このような人の人生観は、不幸なものにならざるを得ないでしょう。

ポジティブな行動主義は、「安易に現状を肯定する」ことよりも、むしろ「現状からさらにプラスに」事態を導くことのできる実践的な行動を重んじています。

行動をプラスに導く鏡の像が目の前に現れる、ポジティブ発言の実践なのです。

56　現実がポジティブの真実のありのままのすがた

ポジティブな実践の取り組みはあくまで自己暗示のメンタルコントロールにとどまるものではなく、現実をポジティブの真実ありのままのすがたに導くことを目指します。本当に現実の変化が、「23字のポジティブ」を実践することからもたらされるのです。

自分自身がポジティブに変化し成長すると、自分自身に決してネガティブはないのです。自分が光になると、この世に闇はなくなります。

ポジティブの真実のありのままのすがたを知らないネガティブな迷いの闇を、自分自身が光り輝くことで明るく照らすことのできる最初の一人に成長することです。

ネガティブを徹底して否定することが、ポジティブな姿勢につながります。

ネガティブに巻き込まれずポジティブを推進して行動を起こしていくために、まずは見極めの目を養う必要があります。

朝夕の「23字のポジティブ」の取り組みが、ポジティブな目を養う基本の実践です。

自分の思考をポジティブな言葉でプラスに導いて、毎日一日中生活のなかからポジティブな要素を抽出する頭脳を養成していくのです。

57　ポジティブへの確信が余裕と強さに

ポジティブな知恵と相手に喜びを与えるポジティブな実践とを具えて、自分自身がポジティブな存在として輝いていくことを自覚しましょう。

そのための朝夕の「23字のポジティブ」です。

自分自身が自分の心身でもって、ポジティブの真実のありのままのすがたに感じ入っていくことが大切です。

ポジティブな知恵は、自分の人生に何を与えてくれるのでしょうか。それは、あらゆることをプラスに価値あるものとして活用していく力を与えてくれるのです。

人生のなかでは局面局面で、順風に見える現象も逆風に見える現象もあるのが実際でしょう。

それら一切の現象が、すべて自分のポジティブさを光輝かせていく機会となって、自分にとってプラスに活用できるチャンスであるととらえる生き方ができる人がポジティブです。

一見すると失敗や苦しみに思えることも、自分のポジティブに深みを持たせるためには必要です。

それを、自分自身の幸福の材料に転じていくことができる余裕です。

ポジティブへの確信をもつ人には、この余裕と強さがあるのです。

⑥ 永遠の法則

58 シンプルでストレートなポジティブ思考

シンプルでストレートなポジティブ思考が、社会生活をシンプルでストレートなものへと導くのです。複雑で歪んだネガティブ思考は、社会生活を複雑で歪んだものへと導いてしまいます。思考と実生活は分けられるものではなく、一体なのです。

「23字のポジティブ」への取り組みは、あらゆる人々をポジティブ思考へと導くという意味で、根本的な社会貢献の活動であるといえます。あらゆる人々の平穏と幸福、そして繁栄への原因をつくっていく実践です。

それは破滅的なネガティブ思考で絶望の縁に追いやられた人々を、希望と夢に満ち溢れた本来のポジティブ思考の覚醒へと導く実践です。

「人生なんてこんなもの」といった現状をネガティブな妥協の観点から見てしまう視点をシフトさせ、「いまがこんなに良いので、これからますます良くなる」とポジティブな可能性を見出す視点へと導く取り組みです。

ポジティブに生きる人間の本質を見失い、ネガティブにリミッターをかけることばかり習慣づけてしまった人を本来のポジティブに導く実践なのです。

59　宇宙大のポジティブ

宇宙がすなわち自分自身であり、自分自身がすなわち宇宙です。

ポジティブな視点から自分と環境世界との関係を見るとき、宇宙大に大きく感じイメージしていくポジティブな思考が必要だとは思いませんか。

自分自身が光り輝いていくためにも、太陽や太陽に照らし出された月と毎日の生活を共にしていく心がけです。毎日が「爽やかでいい天気」と受け止めていく境涯で、生きていくことが大切ですね。

未来へのポジティブな確信をもつ人は、いつも喜びに満ち溢れた心を抱いています。

雲の上に輝く太陽の存在を信じ抜くことができる人は、どんなに暗雲が立ちこめる曇天のもとでも、楽しみ歓喜しながら生きていくことができます。

太陽と共に生活を始めること。すると、後のポジティブはスムーズに継起していきます。

人と共に生き、自然と共に生きることです。

人間どうし、環境どうしでポジティブな関係を築きながら、一歩一歩生きる価値を深めていくことができる宇宙大の視座を生活に取り入れましょう。

60 根本からの喜びに導くポジティブ

永遠のポジティブにつながることで、永遠に安心できる境涯、永遠に喜びに包まれる境涯、永遠に楽しい境涯に導かれていきます。自由自在に大宇宙のなかで遊び楽しんでいるような境涯に入ることができます。

あらゆる人々が幸福になることができる「23字のポジティブ」の実践です。

「私は毎日あらゆる面でますます良くなっていきます」

この「23字のポジティブ」の言葉のなかに、「ポジティブ」の5文字は現れていません。この言葉の根底に流れる根源が、まさに「ポジティブ」に他ならないのです。

あらゆる人々が根本から幸福になるのが、ポジティブです。この「23字のポジティブ」を実践して得られる効果は一体何でしょうか。

それは、永遠のポジティブにつながっていることを知って、あらゆる人々が根本から喜びの境涯へと導かれるということです。

根底から安心し切っていて、生きていること自体が楽しいということ。根源的にあらゆる人々が光り輝くことのできるポジティブこそ、人生の大良薬です。

61 「23字のポジティブ」を広めること

「23字のポジティブ」を広めることができるのは、この言葉に確信を持っている人です。具体的に自分自身のポジティブに確信を持つことができ、具体的な行動実践のなかで「23字のポジティブ」の効果を、身をもって自覚することができている人です。

ネガティブにとらわれていた自分自身をポジティブに導くことができたのは、「23字のポジティブ」への確信です。確信を抱くことのできる体験を実際に得ることができたこと、これが大きいわけです。

ポジティブこそ、現実の真実ありのままのすがたです。現実が暗闇にみえるネガティブな思考を、現実に光をかざしてポジティブのありのままのすがたを明るく照らし出す実践が「23字のポジティブ」なのです。

十分に「23字のポジティブ」の実践を行っている人は、世間のネガティブな思考には染まらないものです。それは、あたかも蓮の花が泥水のなかにあって花を咲かせるようなものなのです。

純粋にポジティブの世界に生きて、ネガティブ思考に陥っている人々をポジティブ思考に導いていきましょう。

62　ポジティブな対話と勇気、そして信念

何事も、現実の現場の最前線にポジティブな生きた知恵を見出すことができるものです。ポジティブなひと言で、あらゆることにしなやかに切り返すポジティブな知恵を体得しましょう。ポジティブな実践とは、相手をほめる達人にこそ可能なものです。ほめる達人とは、対話の達人のことをいうのです。勇気をもち、粘り強くポジティブな取り組みを継続することです。ネガティブにとらわれて、なかなかポジティブな振る舞いに至らない相手が周囲にいるかもしれません。大丈夫です。自分のポジティブさを勇気凛々で一貫して周囲に示していくことが、周囲の認識を確実に変化させ定着させていきます。

信念とは、自分を含めたあらゆる人々のポジティブへの確信です。ですから、ネガティブに陥った友人を見捨てないこと。相手をポジティブに思いやること。困難な場面をも、むしろ「楽しみが長続きする」と前向きにとらえてポジティブな活動を継続することが大切です。

ポジティブというのは、沸き立つような、人を引きつけてやまない人間の魅力のことです。輝きを放ち続ける人の豊かな人徳には、誰もが納得するのです。

63　ポジティブのリーダーになる実践

ポジティブな人は、人のなかにあって宝として輝くことのできる尊く貴重な存在です。

あらゆる人々のなかに、ポジティブの心があります。ポジティブを守り通そうという心があります。

「この人をポジティブに励まそう」「あの人のネガティブな思いを少しでも和らげて、ポジティブに導こう」、あらゆる人々を心から敬っているのであって、そこにこそポジティブの心があるのです。

ポジティブな人には、人々が最もネガティブに陥っているときにこそ、その場所で果たす役割があるのです。

周辺ではネガティブな考え方や小さい発想が充満していて、ネガティブな低い価値観へのこだわりが強い人が周囲に現れるものです。

ネガティブなものを好み、ポジティブなものを嫌うような考え方。にせものを好んで、本物を嫌うような発想。

浅い思想が受け入れられやすく、深い生き方のほうが軽んじられるような転倒した社会のなかで、ポジティブのリーダーになる実践が大切です。

64　ポジティブの種を植える実践

一見して、人々本来のポジティブが見えにくくなった時代です。私たちの取り組みは、あらゆる地域にポジティブの種を植える実践です。まさにその場所から、将来にわたって幸福と繁栄の大樹が育ちゆくのです。

人々の心が砂漠となった都会で、はつらつとした爽やかな笑顔で、ポジティブが日本を、そして世界を大きく変えていくのです。私たちは「23字のポジティブ」を広めていくポジティブの使命を帯びて、この世に出現したということを自覚しましょう。

取り組んでいるのは、事実のうえでポジティブを証明する実践です。世界にはまだ、ネガティブな苦しみや悲しみが残っています。ネガティブに混乱した迷いの人々を、確信を持ってポジティブに導いていく取り組みです。

健康ではつらつとした振る舞いで、爽やかな笑顔を周囲に与えていくことです。

「良いことは長続きする」との思いで、ポジティブの実践を継続していく習慣づけです。種を植える実践と植えた種に水と養分を与える実践。発芽と成長には時間がかかるかもしれませんが、まず種を植える取り組みは一瞬です。

65　ポジティブは身に当てはまる大事なこと

「23字のポジティブ」の実践から得られるものは、観念的なイメージの世界に限定されるものではありません。ポジティブの内容を正確につかみ取り、イメージを鮮明にして自分の身に当てはめて考えていくことが大事です。

自分中心の発想からポジティブをとらえていくだけにとどまるのではなく、あらゆる人々をポジティブに導く実践の観点からイメージすることがポイントです。すると、「23字のポジティブ」から自ずとプラスのイメージが身に当てはまって考えられるようになっていきます。

「私は毎日あらゆる面でますます良くなっていく」という言葉のポイントは、「あらゆる面で」という部分にあるのです。ですから、ポジティブな効果は自分のことに限られるのではなく、当然に周囲に及んでいきます。

自分の実践がどんどん周囲に喜んでいただける方向に転換されていっていることに気がつきます。人が喜んでくださることが自分自身本当にうれしいという境涯。

身に当てはまる大事なことがイメージとして頭に浮かび始め、周囲の人に資する行動に自分を駆り立てていきます。

66　ポジティブに具わる効用の広大さ

ポジティブな実践に具わる効用は、どれくらいのものなのでしょうか。

ポジティブな取り組みによって、良いことが本当に長続きします。これはポジティブが長続きすればするほど、多くの人の喜びがそれだけ増すということです。

ポジティブに具わる効用として、具体的には次の三つが挙げられます。

一つは、自覚されるポジティブの真実。二つは、ポジティブを自覚する知恵。三つは、人々に応じて現すポジティブのすがた。

この三つの徳目を具えるのが、ポジティブの賢者です。

このすべての効用が、「23字のポジティブ」の実践には秘められています。

「23字のポジティブ」に、どこまでも徹底して取り組んでいくことです。その徹底した取り組みから、ポジティブの効用がどの程度のものか量ることができるのです。

ありのままのすがたで、三つの徳目を具えたポジティブの賢者に変化し成長していきましょう。

「23字のポジティブ」に本気で取り組むことから、ポジティブへの自覚が芽生えます。

あらゆる人々が、ポジティブを共有するのです

67　あらゆる偉人や賢人の根本がポジティブ

永遠に称賛される世界的な偉人や賢人たちの活動の根底に、ポジティブさがありました。ポジティブさを自覚した境地こそ、あらゆる偉人の根本であったといえるでしょう。

ポジティブな偉人や賢人の根底には、ポジティブな秘密があります。

ポジティブな偉人や賢人の活動から得られた人類の発展に寄与する成果も、ポジティブの働きからとらえられます。根本ではポジティブがあり、あらゆる偉人や賢人はポジティブの現れであると言ってもいいかもしれません。

根本のポジティブさを指摘することが、なぜ大切なのでしょうか。

それは、あらゆる偉人や賢人をまさに偉人や賢人にした根源の法則が、ポジティブのうちにあるからです。

歴史的には無名の一般庶民のなかにも、大勢立派な人物がいます。あらゆる立派な人物の根本にはポジティブがあるのであり、このポジティブが明らかにされることで、あらゆる人々がポジティブに喜びと幸福の境涯に導かれる道が開かれるのです。

核心は、あらゆる人々をポジティブに導くことにあります。

68　ポジティブの永遠とはどういうことか

本来ポジティブとは、あらゆる人々に具わるものです。

ネガティブな迷いの境地に陥る人は、自分のポジティブさを素直に真っ直ぐ見ることができなくなっているだけだとは思いませんか。

ポジティブの永遠とは、一体どういうことをいうのでしょうか。永遠とは、ひと言でいうと「もとのまま」で通用するということです。自分の強い意志でポジティブさを働かせる必要などありません。ポジティブな自分を装って自分を繕う必要もありません。

「もとのまま」で「なんとかなる」のが、本来のポジティブに目覚めるということです。「もとのまま」の自分のポジティブを自覚にもたらしてこそ、真実のポジティブのありのままのすがたに至るのです。

「もとのまま」のポジティブの自覚が、ポジティブの秘密です。

ポジティブな賢者と普通の人の違いは、どこにあるのでしょうか。ポジティブな賢者はこれを自覚していて、普通の人は知らないという違いです。

「23字のポジティブ」を口にして、誘導的にポジティブを働かせていく実践が大切です。

⑦ 建設の法則

69　ネガティブは仮のすがた

私たちはもとのままがポジティブだというと、反論があるかもしれません。もとのままはネガティブで、ポジティブなんてウソだという人がなかにはいるかもしれません。現実はネガティブに物事が進行するので、ポジティブは理想にすぎないという意見です。

ポジティブこそ、本来です。ネガティブは、仮のすがたです。それは、一体どういう意味でしょうか？　本来のポジティブに目覚めるために、人は仮にネガティブに陥ることがあるということです。

本来のポジティブから見て、方便のポジティブはネガティブです。仮のすがたにすぎないというと、そのすがたはネガティブです。しかしこのネガティブは、もとのままの本来のポジティブに目覚めていくためにあるのです。方便は、本来のすがたを自覚するためにあります。

方便にとどまる仮のすがたはネガティブに見えるものであり、本来のポジティブに目覚めるとその仮のすがたは方便としてポジティブな意味をもっていたことに気がつきます。

永遠のポジティブの相から見て、一時のポジティブはネガティブ。仮のすがたの方便のポジティブにとらわれず、本来のポジティブの自覚に立ちましょう。

70　ポジティブな想像力

ポジティブな思考が定着した人は、何事でも大きく考えることができます。

空間的には宇宙大のイメージを抱くことができ、時間的には永遠のイメージを連想することができます。

ポジティブな想像力が、誰にでも具わっているということ。ポジティブの秘密とは、このことをいいます。

イメージの力によって、誰もが一瞬にしてポジティブな思考に転ずることができます。人は簡単に思考をポジティブにシフトさせ、現実の見方を変えることが可能であるということです。

ポジティブな想像力は、あらゆることについてポジティブな側面を開き示していきます。宇宙大の永遠のイメージから物事を見ると、この世で起こっているすべてのことが晴れ晴れと光り輝いて見えてきます。清く、あたたかで、爽やかな光に包まれた生活が、そこにはあるのです。

想像力は、言語によってポジティブに導くことが可能です。ポジティブな言語習慣が、ポジティブな思考習慣へと誘います。

その最もシンプルで最も効果的な手段、それが「23字のポジティブ」です。

71　いまこそ自分のポジティブのとき

「いまこそ自分のポジティブのときだ」と時を感じてます。

立ち上がるのは、つねに一人です。この尊い一人がいると、ポジティブにつながる二人目、三人目はすぐに現れてきます。

自分がその尊い一人であるとの自覚に目覚めること。ポジティブなときを、自分自身の自覚から感じ取っていくことです。

ポジティブな実践は、自分が尊い存在であるということをすべての人に確かなものとして自覚させ、ポジティブな生き方を確立させていくためのものです。

あらゆる人が、ポジティブの知恵を開くこと。このことが可能であるのは、実はあらゆる人のポジティブな活動そのものに、本来的にポジティブの知恵が具わっているからなのです。

あらゆる人が、永遠のポジティブを実践していく当事者です。このことを明らかにするのが、「23字のポジティブ」です。

あらゆる人にポジティブの知恵を開いていくということは、あらゆる人の生きる境涯をポジティブに高めていくということに他なりません。

72　何事もスマイルで笑い飛ばしていく実践

宇宙大の想像力で永遠の時を感じながら、自由自在にポジティブな生き方をしていきましょう。ネガティブな自分はあのときなくなったのであって、ポジティブな自分がいまこれから生きていくのです。

諸行無常とは日々新たということであって、普通の人の境遇のうえに永遠のポジティブのすがたを現すことが可能なのです。状況は変わるのであり、自分自身の境遇も変化します。

この変化を自由自在に受け切っていき、自分の生き方をよりポジティブに高めていくことを可能にするのがポジティブの実践です。あらゆる局面を「喜びのとき」と受け止めていくことを可能にする実践は何でしょうか？　それは、「スマイル」であり「笑い」です。

周囲がネガティブに受け止めがちな局面ほど、自分自身笑い飛ばしていくことが大切。笑いこそが、自分の境涯を大きく広げていく転機をつくりだしていくのです。

一人の人間がどれだけ尊い存在かを示すのは、一見してネガティブな境遇に置かれて大変な人ほど他の人のことをつねに思いやっているという事実です。聖人君子ではなく普通の人こそ、究極のポジティブを示していく存在なのです。

73　ポジティブな確信を深める実践

私たちはポジティブなありのままのすがたで、すべての人にポジティブな実践を働きかけていきましょう。そのすがたはポジティブな賢者そのものなのであって、ポジティブに確信を持つことにおいては歴史上の偉人や賢人たちと全く変わるところがないのです。

ポジティブに直接つながる実践を、自らがしていくという自覚に立つこと。この自覚を高めるために、自分のポジティブな大目標を周囲の同じポジティブな気持ちに立つ仲間たちに宣言してしまうのです。

大きな目標を口ぐせのように繰り返すことで、自分のポジティブな実践の持つ本当の意義に目覚めることができるのです。

このポジティブな心を現実化していくのが、周囲のポジティブな仲間との絆です。この絆こそが、ポジティブの秘密であり鍵なのです。

歴史上の偉人や賢人も、皆がみな非凡な才能の持ち主だったわけではありません。いたって平凡な普通の人がポジティブの主人公になって、自分のポジティブを世界に開き示していくところにポジティブの本当のドラマがあるのです。

74　行き詰まりのない本当の自分自身

ポジティブこそが、本当の自分自身です。本当の自分自身には、行き詰まりはありません。どのような人生の局面をも、悠々と乗り越えていき自分を高める人生を実現していくことを可能にするのがポジティブの実践なのです。

ポジティブの力は、宇宙大に広がっていきます。ポジティブな楽しみは長続きするのであって、それは永遠です。私たちは、自らが本来持っている秘められた無限の可能性を自覚していく必要があります。ポジティブの秘密とは、私たち自身が自らのうちに本来持つものに目覚めることに他なりません。

行き詰まりを感じるということは、ポジティブへの確信が弱まっているということです。自分のポジティブさを信じて、大確信であらゆる人生の局面を乗り越えていくことが本当の自信を自分のなかに築いていきます。ポジティブとネガティブの格闘は、自分自身の心のなかにあるのです。

言語によるセルフサジェスションでつねにポジティブな思考が上回ると、実際の現実行動でもポジティブな結果のほうが上回って現れるようになります。

トータルポジティブで、スイスイとあらゆることが進行していく人生が現実化します。

75　砂粒一つに永遠を感じるポジティブ

ポジティブの説く永遠は、たんに抽象的に考えられる無限ではありません。

一見具体的に考えられそうな比喩からポジティブの永遠のイメージを想起し、その思考をポジティブにどんどん打ち破っていく必要があります。

具体的に考えると同じように永遠といっても、実感が変わってきますし、気持ちのうえでの深まりがまるで異なります。

ここで説かれる比喩は、誰かの気持ちに合わせてわかりやすく説かれるものではありません。むしろ、その誰かの狭い視野を開いてポジティブへの広大な視界へと引き込んでいく比喩です。

地面から砂粒を一つ、手に取ってみてください。その砂粒の一つひとつが、大地をつくりあげています。その数は日本という一つの島国だけでも、いったいいくらあるのでしょうか。

砂粒の数は、地球全体ではいったいいくらあるのでしょうか。月には砂粒の数はいったいいくらあるのでしょうか。あるいは太陽系全体では、どうでしょうか。

砂粒一つという一見具体的な比喩が、大宇宙を自由自在に舞いゆくポジティブな境涯に引き込んでいきます。

76　永遠というポジティブ

砂粒一つひとつで永遠をたとえると、永遠は無限の過去のように感じられるのと同時に、何か有限な時間であるかのようにも感じられます。砂粒一つひとつが無限に積み重なるといっても、最初の一粒があるかのように私たちはイメージして連想するからです。

ポジティブの永遠の比喩で肝心な点は、むしろ最初がないということ、つまり「始まりがない」ということのうちにあります。あるとき、ある時点でポジティブの始まりがあったというわけではないのです。

ポジティブには、本来始まりも終わりもないということ。始まりも終わりもない、根源的なありのままの真実のポジティブを開くことが、私たちが「23字のポジティブ」を実践していくうえでの目標です。

ひと言で表現すると、「永遠とはポジティブのことである」ということです。それは、あたかも大宇宙に始めも終わりもないのと同じことです。

ポジティブというのは、実はしだい次第に成長することで近づいていくものではなく、一瞬にして直ちにポジティブに目覚めていくものなのです。

77　この世界こそポジティブ

この世界は、ポジティブな私たちが縦横無尽に活動して、あらゆる人々をポジティブへと導くためにあるのです。

ですから、この自分の身を置く世界以外にどこか別にポジティブな世界を求める活動をしても、それはまるで影や幻を求めているようなもので空虚な活動に終わります。

現実の世界とはどこか別のところに理想の世界を追い求める考え方を、打ち破りましょう。現実逃避からは、幻の幸福感しか得られません。

現実から幸福感を得るポジティブな発想に立って、この世界の光り溢れる真実のすがたを認識できる思考を身につけていきましょう。

この世界を苦しみを耐え忍ぶ世界とだけとらえている人々を、どのようにポジティブな物事の見方へと導いていくかということ。これが、ポジティブな私たちがつねに気にかけていることです。

どのようにすると、みんなをポジティブに導くことができて、他の人々のお役に立つことができるのかということに、いつも考えを巡らしている人をポジティブ思考が身についた人というのです。

78　環境を変えるという建設的発想こそポジティブ

現実の社会を苦しみや悩みに満ち溢れた世界とみて、そこから離れた別の世界に助けや救いを求める発想はネガティブです。この見方だと現実の世界に消極的で厭世的、現実逃避のネガティブ思考に陥るおそれがあります。

現実から離れたところに救いを求める発想は一種の方便で、このような教えが説かれる場面というのは多大な苦しみに見舞われた人々に一時的にも慰めを与えるために説かれるものにすぎません。

真実のありのままのポジティブを願う人は、つねにこの現実の社会のなかで活動しています。ポジティブな賢者は現実の世界を離れて、どこか他のところに救いを求める必要がないのです。この現実社会で活動することこそが、本来のポジティブ。この基本発想で、現実世界のなかでポジティブな社会を築いていく行動を建設的な行動というのです。

それゆえ、この建設的行動は自分だけの救いを求める行動にはなりえません。現実を決してあきらめない、積極的で実践的な意義がこの行動には込められています。環境を変えるという建設的発想をもつことがポジティブなのです。

79　環境を変える建設的行動の具体例

不毛の土地に植林して、緑豊かな肥沃な大地を蘇らせる行動はポジティブです。渡れない川に橋を架けることで、対岸に行き来できるようにする行動はポジティブです。乾燥した土地に井戸を掘って、灌漑池をつくることはポジティブです。道中に旅人の休憩所をつくって、安息の場を与えることはポジティブです。

このような建設的行動はポジティブな行動の具体的な実践なのであって、環境のもつ真実のポジティブなあり方を人々に開き示すことにつながります。

現実の社会に自分の身を置いて、ポジティブの理念と実践を打ち立てていくこと。この精神が、ポジティブの正統なのです。

この現実世界が心の安らぎや平穏をもたらす世の中となるように、平和な社会を建設していく行動に取り組んでいくこと。このことが、ポジティブなのです。

世界が平和であるとは、あらゆる人が自分の幸福を享受することです。ポジティブな活動で、あらゆる人に励ましを与えていく実践は本当に尊い実践です。この現実の環境を、光り輝く世界へと転換していく実践が大切です。

⑧ 徳の法則

80 ポジティブさを分け与える方法

現代人の苦悩は、各人に哲学がないことに起因しているのかもしれません。

一方で「このままでよいのだろうか」という思いがありながら、しかし他方で「一体どうするとよいのかはわからない」という思いがあるかもしれません。あるいは一方で「幸せになりたい」という思いがありながら、しかし他方で「何が幸せなのかはわからない」という思いがあるかもしれません。

ポジティブな賢人は、このようなポジティブを求める人々を導くために、どのように応じていくとよいのでしょうか。これは自分のもつポジティブさを、どのような仕方で人々に分け与えていくかという問題です。

答えの一つは、生命力。自分の溢れんばかりの活動力を、人々の活力の程度をみながら共有してきたということです。時として圧倒的なパワーを示しつつ、時として繊細な優しさを示すことができる柔軟性です。

さらにもう一つの答えは、名前や肩書きです。名前や肩書きを使い分けて、人々が受け入れやすい仕方で自分のポジティブさを説き分けることができるということです。

81　健康と長寿

たとえば、健康と長寿は、各人の幸福度を量る基準になるかもしれません。健康になり長寿になって自分の幸福を享受するには、一体どうするのが適切なのでしょうか？

そのためにはポジティブを確信し、その確信を生活のリズムにつなげていくことが必要です。

一つには朝夕の「23字のポジティブ」で、毎日の生活リズムをつくることです。

自分の生活の進展に肯定感を抱き、あらゆることがどんどんよくなっていく感覚をもつことが大切だといえるでしょう。

次に、無理のない生活をすることです。

自分の生活を高めるのも「ちょっと背伸び」くらいがちょうどいいのであって、七対三程度の加減でポジティブな前進を目指す生活が結果的に無駄のない行動につながっていきます。

さらには世のため人のためになる献身の行動を生活に取り入れ、周囲の人に喜んでいただくことです。教養をもって自分の食生活に気をつけ、自分の身体の状態にも注意を払いましょう。

心身ともに健全で爽やかな生活が、自分のポジティブさを必ず増進させていきます。

82　向上の人生

ポジティブさとは、未来志向で物事に取り組むことです。

いつも希望が胸に満ち溢れていて、活動に充実感があります。充実感には、感動があります。内面から溢れ出る輝きと魅力が、ポジティブな人にはあります。

このポジティブの賢人のポジティブさは、あらゆる人に絶えることなく向上の人生を歩むように働きかけます。偉大なポジティブの賢人の境涯を目指すように、促すのです。小さくまとまって満足だと思い込んだ徳の薄い境涯を、よりいっそう大きくしていくよう働きかけるのです。

低い価値観や目的観にとらわれてしまって、ポジティブの大境涯を求めようとしない人は現実にいます。心が世間の一般的な享楽に染まり切ってしまっていて歪んだ考え方で満足してしまっている人がいるのはたしかかもしれません。

むさぼり怒りにとらわれ、おろかで威張り散らす人。疑いの眼で物事をみて、誤った考え方でやきもちを抱いてばかりいる人。

このような人には、いきなり向上の人生を説くポジティブを示してもなかなか腑に落ちないのが現実かもしれません。

83　ポジティブの具現化

たしかに一般の世間知にとらわれた人にいきなり永遠のポジティブを説いても、「そんな大言壮語が信じられるか」と批判を浴びるかもしれません。あるいは斜に構えて「自分がそんな偉大なポジティブさを具えた人間になれるわけがない」と、ポジティブの実践をあきらめて放棄してしまうかもしれません。

納得できるレベルの話をする必要から、ポジティブに「方便」が求められる場面があるのも現実かもしれません。ポジティブの話が納得できるレベルに達するためには、人によっては何らかの「方便」が議論の土台に必要となる場面もあるのでしょう。

あらゆる人をポジティブに導くためには、プロセスで「方便」の話を適切に用いることもあるかもしれません。

それは、ポジティブの賢人の「すべての人を、一人も漏らさずポジティブに導こう」との深い思いに根差しているのです。

たんなる観念にとどまるのではなく、実践でポジティブを説いていくためにはポジティブをあらゆる人々の立場の上に具現化していく努力が必要なのです。

84　獅子奮迅のポジティブ

小さなポジティブよりも大きなポジティブを目指すには、獅子奮迅のポジティブが必要です。

自分自身の利欲だけを追求する小さな生き方をするのではなく、あらゆる人々が喜び楽しむことができる最高の理想を追求する大きな生き方を目指すことは、本当に偉大なことといえるでしょう。

大きな生き方を実践する人は、時に妬まれたり誤解や偏見に見舞われたりすることもあるでしょう。大丈夫です。ポジティブに堂々といくことです。獅子奮迅のポジティブさを具える必要があるとは、このことをいいます。

あらゆる人々をポジティブに導くためには、自分自身がポジティブな獅子奮迅の実践を行うことです。人々が感銘を受けるのは、ポジティブに振る舞う自分自身の人となりにあるのです。

獅子奮迅の行動です。獅子奮迅の実践です。ポジティブな行動主義者の実践が、周囲にポジティブさを波及させていくのです。ニヒリズムではありません。

永遠のポジティブを見つめ、あらゆる人々の生活向上を具体的に考え実現化していく実践がポジティブです。

85 実りあるポジティブな振る舞い

著書を執筆したりセミナーを開催したりする活動のなかで、私が気にかけていることは一つだけといっていいのかもしれません。

エミール・クーエの提唱する「23字のポジティブ」を、あらゆる人が口にするようになるかどうか。ただ、これだけなのです。

エミール・クーエの心理療法は、効果的で強力なものがあります。自分自身の心身両面にわたるポジティブ化を成功に導いたこのスキルを、一人でも多くの方に実践していただくこと。そのことから、よりよいハッピーライフを日々の生活で実現していっていただきたいということ。

現実には苦悩の連続と感じられる物事の見え方が一変し、ポジティブへと至る尊い人生経験の一環としてすべてがとらえられる境涯です。

言語による意識的誘導自己暗示によって、ポジティブな行動と実践が実際に可能になっていきます。

ポジティブな振る舞いは、実践した分だけポジティブな成果として戻ってきます。ポジティブな振る舞いに無駄は一切なく、すべてが実りをもたらします。

86　ポジティブへの視点のシフト

ポジティブに視点をシフトすると、物事の見え方が根本的に変わります。ポジティブの視点とは一体どんなものかと問われた場合を考えると、これが真実だともいえないし、あれは虚偽だともいえないのです。

それはこのようなあり方だともいえないし、それとは異なるあり方だともいえないのです。ポジティブな賢人は、普通の人々とは見方が違うのです。それほど現実世界の見方がまったく違っているということです。それは偏った視点ではないという意味では、中道の知恵といってもいいのかもしれません。ただそれはポジティブとネガティブの両極端から離れた中間にあるという意味なのではなく、その視点自体はポジティブなので、理屈だけで説明を仕切ろうとしても納得できない部分が残るかもしれません。

ポジティブに視点をシフトして物事の見え方が変わる経験は、やはり具体的な実体験から納得がいくような類いのものです。

ポジティブの力がグーッとこちらのほうに出てくるような実経験を、ポジティブの実践からつかみとると悪縁から離れて人生に大きな間違いが起きない生活がもたらされます

87　ポジティブ思考の哲学

時代は、巡っています。社会環境も、つねに変動しています。このような大変動の状況のなかでも、不変な何かが存在するのでしょうか？　この問いに答えるとすると、それは「ポジティブの知恵」であるということが可能でしょう。

個人的に活動を行う場合でも、組織的に活動を行う場合でも、時代や社会を洞察し物事を見抜く生き生きとしたポジティブの知恵を発揮することです。変化を発展的な方向へ導き、新たな価値を創造していくことです。柔軟でポジティブな思考から変化に対応し、実際のありのままのすがたをポジティブに見知っていくことが必要です。

知識は過去のものであり、スキルの一つになるものです。知恵は未来のものであり、哲学であるといってよいでしょう。たしかに知識やスキルは参考になるものですが、自由自在の未来を導く力にはなりません。

人の心を魅了し未来を切り開くのは、ポジティブな知恵のほうです。時代を知り時代をつくるのは、ポジティブ思考の哲学であるといってよいでしょう。それは大変動即大発展のリズムで、悠然と前進していく行動をもたらすのです。

88　ポジティブの徳

ネガティブにとらわれている人がいると、ポジティブに導いていくこと。この強い思いを抱くのが、ポジティブの賢者です。この現実の世界を根底まで見通すことで、ポジティブの知恵を見出していくのです。

ポジティブの知恵こそが、ポジティブの賢者の命であるといえるでしょう。永遠のポジティブとは、この知恵の命が無限であるということです。あらゆる人々をポジティブに導くための活動を無限に継続していく知恵こそが、永遠のポジティブの本質なのです。

ですから、ポジティブの賢者の中心には、ポジティブの知恵つまりポジティブの実践から得られた成果があります。ひと言でいうと、それは「徳」です。ポジティブの徳を具えることが、ポジティブの賢者の実践的な成果なのです。

ポジティブの徳の中心は、現実の世界をポジティブな世界とありのままの真実のすがたとして見て取るポジティブの知恵です。

ポジティブの賢者は、ポジティブの知恵によって、ポジティブによる真実の安らぎと楽しみを自分で享受し自在にコントロールし切って楽しみ抜いていけるのです。

89　ポジティブの賢者の振る舞い

あらゆる人々が最も安心する、ポジティブな振る舞いをとることができる人。ポジティブの賢者とは、そのような人のことをいいます。

人々をポジティブへと導いていく人は、その人自身の振る舞いがポジティブ。その根底には、ポジティブの知恵が働いているといってよいでしょう。

「人々をポジティブに導きたい」との慈しみの心から発するのがポジティブの知恵であり、それがポジティブの賢者を出現させる根源的なポジティブの力となります。

ポジティブの徳を具えたポジティブの賢者の根本には、このようにその人のポジティブな振る舞いがあります。徳と知恵と振る舞いとが一体になって具わっているところに、賢者のポジティブさの本質が存するのです。

ポジティブの賢者の深い「人格の光」が、あらゆる人々を永遠に照らし出すのです。

ポジティブへの導き手は、自分自身が徹底したポジティブの実践に取り組む行動主義者です。

ポジティブな行動でポジティブな成果を示し、それがポジティブの徳として現れている人です。

90　究極のポジティブに至る可能性

ポジティブの賢者となるのに、特別な修行は必要ありません。普通の人が自分のふだんの振る舞いのなかから、ポジティブの徳を示していくことができるのです。普通の人がそのままのすがたでポジティブの徳と知恵と振る舞いとを示していくことができるところに、ポジティブの実践の要諦があります。

普通の人が、特別に自分をつくり改める必要がないということ。自分のふだんのすがたを改めることなく、ポジティブの実践を成就していけるということ。

究極のポジティブとは、普通の人がそのままのありのままのすがたを真実としてポジティブとして現していけることをいうのです。あらゆる人々をポジティブへと導くということは、究極のポジティブへと至る可能性があらゆる人々に開かれているということをいいます。

ポジティブを意識することなく普通に生活している人は、現実世界を苦悩の世界とみて、究極のポジティブに至ることが可能であるということを夢にも知りません。

普通の人々の世界を、ポジティブな可能性に満ち溢れた世界と開いていくところに、ポジティブの実践の根幹があるのです。

⑨　無上の法則

91　オンもオフもポジティブ

「23字のポジティブ」を声に出して唱えはじめて以来、私はつねに前進の人生です。あらゆる状況下において、つねにポジティブで前向きな気持ちと行動に自分自身が導かれていきます。「23字のポジティブ」を口にしているかぎり、一度もしりぞく心が生じたことがありません。

自分が実際に口にして発する言葉のもつ力には、本当に強力なものがあります。強くポジティブな言葉が必要な状況下では、強い言葉を発するのです。柔らかくポジティブな言葉が必要な場面では、優しい言葉を発するのです。

つねに安心して、悠然と振る舞うことができる境涯に至ること。それが、「23字のポジティブ」の実践から得ることのできる徳の一つです。振る舞いそのものが変わるということは、人格そのものがかわるということです。

ポジティブに、平日も休日も関係ありません。オンの日もポジティブ、オフの日もポジティブ。これが、ポジティブの実践から得られる境地です。ポジティブに、停滞なしです。

新たな価値を見出しながらリズム感をもって楽しく、汲々とせずに悠々と毎日の生活を送ることがポジティブなのです。

92　「23字のポジティブ」の効果は永遠

「23字のポジティブ」は、「未来のための言葉」です。

あらゆる人々をポジティブに導く実践に取り組むことは、期間の限定されたものではありません。

むしろそれは、永遠に続く実践。

「23字のポジティブ」はこれまでも存続してきていますし、さらにこれから未来に向かって永遠に継続していくのです。

人々をポジティブへと導く永遠の活動のなかで、ポジティブの原因と結果が現れます。

ポジティブへの原因となったのが永遠に人々をポジティブへと導く活動で、これが根本です。

その結果、自分自身がさらにポジティブになっていることがポジティブの結果です。

ポジティブの根本原因が、あらゆる人々が幸せな生活を送る根源にあります。

それは、ひと言でいうと「蘇生」です。あらゆる人々の、内なるポジティブを呼び起こすということです。

不思議なことに、人間はどのような状況下からもポジティブに転じることができます。

そしてつねに「これから」の精神で次への行動を即座に呼び起こすのが、「23字のポジティブ」です。

93　不動心

「他の人のために」と他の人のことを考えられるということは、それだけ心が豊かだということです。広い心をもっているということです。利他の精神に基づくポジティブな知恵とは、そのまま心の豊かさにつながるのです。

この他の人のことを思うポジティブな知恵は無限であり、尽きることがありません。ポジティブな知恵は利他の精神から生じるのであり、それは小さな自分の了見にとどまるものでないかぎり、どこまでもいつまでも限りなく拡大していくものなのです。

誰もが本来もっている「他の人のために」という利他の思いを開いていくために行うのが、ポジティブの実践の究極の意図です。

言語による意識的な誘導自己暗示の根源的な意義は、ネガティブな思いにとらわれた苦しむ人々を本来のポジティブさに気づかせ導いていくことにあるのです。

つねに楽しく自分自身が内面的にも外面的にも清められていく境地が、不動心です。不動心とはネガティブに揺るがぬ気持ちのありようをいうのであって、ポジティブな幸福の境涯を表す言葉だといえるでしょう。

94　原因も結果も「23字のポジティブ」のうちに

ポジティブな結果も、ポジティブの原因も、ともに「23字のポジティブ」に具わっているのです。「23字のポジティブ」への確信とポジティブな実践に取り組もうとの一念に、すべては具わっているのです。

つねに「今これから」とのポジティブの一念に基づいた実践こそが、未来志向のポジティブの極意であるといえるでしょう。

いいかえると、あらゆる人々がそれぞれの個性を活かした仕方でポジティブな境涯へと至る究極が、「23字のポジティブ」に取り組もうとのポジティブな一念のうちに具わっているということです。

一つが変わると、すべてが変わります。

ポジティブの一念から、言葉がポジティブなものに変わると、すべてが根底からポジティブなものへと転換していくのです。

自分の言葉というポジティブの出発点に立って、未来への新たな前進の行動を開始するのだということを、「23字のポジティブ」は教えています。

つねに今現在の一瞬の発言が、未来への原因として問われているということです。

95　柔軟さのなかに強靭な信念

すべての人がポジティブになれるから、私たちはポジティブにすべての人に敬意を表していきましょう。会う人ごとにスマイルで、ポジティブにあいさつを交わしていく習慣づけが大切です。はっきりと声を掛け合うあいさつも大切ですし、軽く会釈を交わし合うあいさつも大切です。

誰もがみんな仲良くコミュニケートして、幸せになれるといいですね。人間どうしの深い共感に基づく実践、それがあいさつだとは思いませんか?

敬意を表して人間の尊厳を開いていくポジティブに、限界はありません。

お互いに自らを高め合おうとの実践が、永遠に人をポジティブへと導く道に通じるのです。ポジティブの賢者は、この信念の実践をひたすら貫きます。

物事をネガティブにとらえる習慣が身についてしまっている人は、ポジティブの実践に冷笑を浴びせるかもしれません。

ネガティブな人ほど、尊大ぶるものです。ポジティブな行動は、柔軟です。

柔軟さのなかに強靭な信念があるのが、ポジティブの実践だと知ることが大切です。

96　他の人をポジティブへと導く行動が最善の生活のあり方

自分自身がポジティブな日常生活を送っていくためにも、自分のなかで善悪の判断基準をはっきりさせる必要があります。自分にとって最善の生活のあり方はどのようなものでしょうか。

ポジティブの賢者にとって、最善の生活のあり方は他の人をポジティブへと導く行動をとるあり方です。

他の人をポジティブへと導く行動は、それ自体がポジティブです。他の人をポジティブにすることは、自分自身がポジティブになることであると知りましょう。

ポジティブな行動主義者になるといっても、何か特別に自分を飾り立てる必要はありません。さっぱりと清潔感があって、人を安心させることができる人になることです。日常のふだんの振る舞いのなかにこそ、周囲の人を元気にしていく要因が含まれているのですから。

ふつうの人がありのままのすがたで、自分自身の真実のポジティブを開き示していくことが究極のポジティブです。

現実の生活のなかで瞬時にして自分のポジティブを開いていけるすがたこそ、本物のポジティブのすがたなのです。

97　自分のための実践と他の人のための実践

ポジティブな連続行動を起こしていくためには、自分のためのポジティブな実践と他の人のためのポジティブな実践との両方が必要です。自分のためと人のための繰り返しのなかから、ポジティブな行動の連続、連鎖が生じるのです。

自分のためのポジティブな実践の基本は、「23字のポジティブ」の取り組みです。何があっても「これでよかった」と肯定感をもって受け止め、「私は毎日あらゆる面でますますよくなっていきます」と口にして、「いまこれから」の精神ですべてを前向きに認識しポジティブな行動につなげていくことが大切です。

他の人のための励ましの行動は、他の人をポジティブへと導くという側面よりもむしろ、自分自身がこの行動によってポジティブに成長していくことができるという側面のほうが強いのかもしれません。自分の振る舞いや行動、自分のふだんの言葉などは、すべて自分に確実に還ってくるものです。まずは、自分の身近な生活を喜びのなかでとらえていく習慣づけです。

現代の社会のあり方や現実の生活を嘆いているのは、実は自分自身の身近な生活のあり方を嘆いているすがたにほかなりません。

98　無上のポジティブを求める心

永遠のありのままのポジティブのすがたは、なぜ時として見えなくなるのか？　周囲がネガティブに見えてしまうがないような状況に見舞われるのは、一体どうしてなのか？　ポジティブはつねに今ここにあるというのが真実なのに、なぜネガティブばかりが目についてしょうがないのか？

それは自分を高めながら無上のポジティブを目指すポジティブな行動主義者になるための、一つの「方便」なのです。

ポジティブな賢者が目の前に現れてはまた再びいなくなるのは、ポジティブを求める心を継続し持続するために必要なことだからです。

ポジティブな徳が薄い人はポジティブな行動を継続できず、ネガティブな境遇に満足して行動を怠る気持ちにとらわれるかもしれません。ポジティブを素晴らしく尊いものと見る気持ちを、起こすことができないに違いないでしょう。

ですから、「方便」としてポジティブが見えなくなる状況が起こることがあるのです。

ポジティブには限界がないのでポジティブの行動主義者には無上のポジティブを求める心が必要で、この心を起こすために必要な「方便」なのです。

99　ポジティブの賢者への成長

ポジティブさとは永遠でずっとここにあるとの思いが支配的になると、人々のなかには怠慢で向上の道を忘れる者が出るかもしれません。喜びや感動や感謝の気持ちこそ、ポジティブです。

この気持ちを起こさせるためには、人間にはネガティブにしかとらえられない状況が時には必要となるということなのかもしれません。

ポジティブさを尊いものとして敬う気持ち、これこそがポジティブへの確信の源泉です。

ポジティブ思考には、人々が自立するための哲学であるという側面があります。自分の力でポジティブな自分をつくりあげていく発想です。

誰かをポジティブの賢者とあがめて付き従っているだけでは、真実のポジティブの向上への道は歩めません。

ポジティブの賢者と同じように、自分自身のうちにあるポジティブを開いていくことがポジティブの実践に含まれます。

ポジティブを求める心と行動とによって、同じくポジティブの賢者へと成長していくのです。

100　ポジティブな「品格」を具えること

それぞれの分野で自立できるだけの努力を重ねているポジティブな賢者と、友情を結んでいくことが大切です。ポジティブな徳を具えた人格者が、ポジティブの賢者です。

自分自身が確立されていて、同時に他の人への尊敬の気持ちを併わせ持つ人。一流の人格者との交友は、自分自身をいっそう高めます。

ポジティブ思考の目指すのは、人間の教育であり人格の錬磨です。

ポジティブな「品格」を具えた人格者との交わりのなかで、自分自身が一流の人格者へと成長していくことが何よりも大切です。

自分の成長をとどめるのは、低い欲望です。高い理想や生き方を求めて自分を高めるということを見失うと、人はさまざまな低い欲望に流されてしまうものです。

低い欲望に流されるのではなく、高潔な人格から低い欲望をセルフコントロールしながら生きることができるようになることです。

自分のうちにある欲望を適切にコントロールしていくポジティブな哲学が、誰にも必要です。

自分の人間をつくり、「品格」を磨くための「23字のポジティブ」です。

101

ポジティブへの期待感

ポジティブ思考の習慣づけに成功すると、いつも恋をしているようなウキウキした気持ちが持続していきます。憧れの誰かを恋い慕って、心を時めかせている自分を想像してみませんか。

ポジティブな何かが起きるような淡くて心地よい予感をいつも胸に秘めていて、一瞬一瞬が充実した時間の連続になっていくのです。

憧れの何かを求める気持ちがずっとあって、まだそれが得られていなくても「これから得られるチャンスに恵まれるかもしれない」との思いが継続している状態です。

「きっとどんどんよくなっていく」という淡い確信がいつも心のうちにあって、憧れへの自分の思いと行動を持続させてくれるもの。目的達成への自分の行動を継続してくれるのは、このポジティブへの期待感なのかもしれません。

誰しも自分の活動領域が、一つに限られるものではありません。仕事でもプライベートでも、さまざまなことへの取り組みを一人ひとり持っているものです。

ポジティブへの期待感は「あらゆる面で」自分の成長を促しますので、自分が大きくどんどん良くなっていく実感をもたらします。

102　ポジティブの比喩

人の心をポジティブに動かすには、わかりやすく比喩を用いてポジティブを説くのが一番適切です。人の心がポジティブに動くと、境涯が変わることが可能になります。ポジティブの比喩は人を何とかポジティブへと導こう、幸せにしていこうという思いやりから説かれるものです。

この意味で、ポジティブの比喩はポジティブの知恵の結晶といえるでしょう。ポジティブの賢者は対話の達人なのであって、それはポジティブの比喩を巧みに用いることに長けているという意味です。

ポジティブの実践はポジティブに縁あって触れることができた人が、自分自身で「23字のポジティブ」を実践し自分自身で体得していくことが必要です。ですから、ポジティブの賢者の対話は、良いお医者さんが患者さんを良い方向へ導くためにどうすると症状が改善するのか説明するのと同じです。

実際には良いお医者さんには、患者さんがたくさんいらっしゃいます。良いお医者さんの言いつけをしっかり守ろうという気持ちになるには、ポジティブへの導き手と出会う機会が限られることも必要なのかもしれません。

103 ポジティブの賢者はお医者さん

ポジティブの賢者は、お医者さんです。名医であって薬を適切に処方し、病気を治すのが得意です。

ポジティブの賢者には、たくさんの子供がいます。そして、よく海外に行って広く世界に元気を与えて喜んでいただいています。

ポジティブの賢者は、ポジティブな知恵を具えています。薬を処方するとは、ポジティブにあらゆる人を導くことができる対話の達人ということです。

たくさん子供がいるというのは、あらゆる人々をポジティブに導く親の存在であるということです。あらゆる国・地域に現れて、たくさんの人々をポジティブに導きます。

病気はいろいろな種類がありますから、薬は適切に処方される必要があります。ポジティブの賢者は名医なので、この加減がよくわかっています。

世のなかには、たくさんの種類の薬があります。病気を治すのに、薬はなんでもいいというわけにはいきません。

病気を抱えて悩んでいる人々の症状にあわせて、適切な対話ができるのがポジティブの賢者なのです。

104 ポジティブの薬

ポジティブの賢者は、いろいろなところに出向いていく必要があります。ですから、自分が不在のうちに子供に適切に薬を処方していても、誤って子供のうちの何人かが別の薬を飲んでしまうということもあるでしょう。

薬も処方を間違えたものだったり、症状に合わないものだったりすると、むしろネガティブに毒として働きます。ポジティブの賢者が処方したものとは別の薬を飲んだ子供たちのうち、何人かはひどい苦しみに見舞われてしまうケースがあるかもしれません。

ネガティブの毒を飲んだ量によっても、変わってくるでしょう。ポジティブの本心を失ってしまった子供もいるでしょうし、本心をなんとか保っている子供もいるでしょう。

病気を治すといいつつ、実際には病気をひどくしてしまうネガティブのエセ賢者が時として現れます。

薬を症状に合わせて適切に処方できない悪いお医者さんにかかると、子供たちはかえって苦しむことになります。

子供たちは良いお医者さんが再び現れることを、どれほど強く望むでしょうか。

105　ポジティブの生命力

人々の苦しみや悩みの本質を見極めて、解決の方途を見出していくのがポジティブの知恵です。どのようにネガティブに見えることでも、「ピンチをチャンス」ととらえて挑戦していくポジティブなバイタリティーが人間には具わっています。

それは、つねに向上心を持ち続ける行動力です。

このポジティブな生命力を見失わせるのが、ネガティブの毒です。

現実の世界のなかで生き抜く意欲を失わせる、誤った処方がなされた薬です。これは一見薬に見えるので、扱いが厄介です。

ネガティブの毒を処方され、それを飲み続けるとしましょう。「薬だ、薬だ」といわれて飲み続けて、症状はますます悪化の一途をたどり苦しみはよりひどくなって生命力は衰弱し続けます。

自分が服用しているのが適切な処方のポジティブの薬かどうかを見極める方法は、極めて簡単です。基準は健康、元気、生命力です。

たんに病気が治るだけではなく、「前よりもいっそう良くなっています」といえるかどうかです。

根本基準は、「私は毎日あらゆる面でますます良くなっています」です。

⑩ 蘇生の法則

106

ポジティブに結縁すること

ポジティブな力のある考え方ができるように、そしてポジティブへの確信を持った生き方をすることができるようにするのが「23字のポジティブ」です。

一人ひとりの人間が自分自身の可能性を最大限に開いていくことのできる手段を、あらゆる人々が求めている時代です。

人々にポジティブな生命力を送り届けるのが、ポジティブの賢者です。一見すると毒に思えるものでも、使い方しだいで薬として働くことを見出すのです。ネガティブな毒をもポジティブに薬に変えるのが、ポジティブの知恵です。

ポジティブであるとは、一体どういうことでしょうか。それは自分の可能性を新たに開き、自分自身を蘇らせるということです。ポジティブ思考とは、「蘇生する」ことという意味です。自分が内に秘めている、可能性というお宝に目覚めさせるということです。

本当の心は、ポジティブです。自らのポジティブに目覚めゆく種を心に植えつけて、永遠の真実のポジティブと縁を結んで「23字のポジティブ」です．自分にも他の人にもポジティブの実践に取り組むすがたが、本当の心なのです。

107 寿命が延びるポジティブ

ネガティブな毒を飲み続けているような人生では、苦しさで寿命も縮むというもの。ポジティブな薬を飲んで、快適にどんどん自分の寿命を延ばしていくことです。

各人のポジティブな実践によって、実際に寿命が延びるということがあります。寿命は宿命なので、転換して延命できないものと思われがちです。

実際は医療の発達や良薬の開発、そして適切なメンタルコントロールの仕方の発見などによって寿命はどんどん延びているのです。

生命力の問題について絶対的な自信を与えるのが、「23字のポジティブ」です。

ポジティブな発言によって思考がポジティブに導かれると、現実に体調が回復し実感として自分の症状がより良くなっていく感覚になります。

最初のうちは、一種の錯覚のように感じるかもしれません。それで、構わないのです。現実に自分の寿命が長くなり、本当に長生きできている自分を実感することができるときが訪れます。

ポジティブな気の持ちようが、自分の寿命の長さをも左右すること。このことに気づくのは、つねに後からなのですから。

108 楽しい人生を長く味わうのがポジティブ

長生きできる人は、何か自分の人生を長く楽しむことのできる実践に取り組んでいるものです。人それぞれ同じ時間の長さでも、中身の同じ人生を送っているわけではありません。ポジティブの実践を自分自身が取り組んで周囲に広めている人は、自分自身が元気で明るく快活です。

若々しく毎日を過ごしていくことで、希望に満ちた生活を日々心がけていくことがポジティブです。

自分自身のポジティブさに自信をもった取り組みで、活力ある行動がとれるのです。

一人でもより多くの人をポジティブの実践へと導こうとの思いから毎日活動的に周囲の人に働きかけている人は、他の人への思いやりのなかで長い人生を送っていくことができます。

「こんな楽しい日々はいつまでも続かない」なんて思わずに、「楽しみは長続きするものだ」と言葉にしてしまうことが大切です。

実際価値ある人生の経験を積み重ねていくことで、人は自分の人生の楽しみ方をよりいっそうクオリティの高いものにしていけるのです。

109　子を思う親のポジティブな姿勢

ネガティブな毒で苦しむ人を救う薬を調合できるお医者さんは、患者さんのネガティブな苦しみがどれほどのものかわかっている必要があります。相手の苦悩に共感する思いが、その人から苦しみを取り除いて楽にさせてあげたいとの思いに結び付いていくものです。

ポジティブに患者さんに安心感を与えることができるお医者さんは、優しさと厳しさを併わせ持っています。

ポジティブに導く賢者は、さまざまなアプローチをネガティブに陥った人にとることができるのです。

ポジティブな徳を具えた人は、人から苦しみを取り除く振る舞いがとれる人です。苦しみを取り除くことが、楽な気分を与えることにつながっていきます。厳しさで苦しみから人を解放し、優しさで苦しみ抜いた人を包み込むことができるのがポジティブな振る舞いというものです。

選りすぐりの薬草で素晴らしく良い薬をつくり上げることができる人が、ポジティブなお医者さんです。

真剣に薬の調合に取り組む姿勢は、子を思う親の姿勢と変わりがありません。

110

何事も「できる」と信じる心

人はみんな、ポジティブを求めています。ところが肝心のところで逆の発言や行動をとってしまい、ネガティブに陥ってしまう人が少なくありません。

ネガティブへと転倒した価値観を改め、本来みなさんがもっているポジティブさへと導いていくための実践。それが、「23字のポジティブ」なのです。

行動に慎重な人ほど、うまい話に簡単にだまされて悪いエサにひっかかることがあります。日ごろから本当のポジティブさを見出す行動習慣が身につくと、表面的にポジティブに見えて実はネガティブが背後に控えているうまい話にひっかかる不幸が避けられます。

真実のポジティブを見失っていないかぎり、一時ネガティブな状況に陥ることがあってもすぐにポジティブに回復できるものです。

それはひと言でいうと、「良い御縁」。良き人間関係と行動習慣から、ポジティブへと自然に導かれていくのです。

何事も「できる」と信じる心が、本来のポジティブさを回復する最高の良薬です。確信を深める発言と行動習慣で、毎日を過ごしていきましょう。

111 転倒した価値判断をポジティブへと導くこと

本当のポジティブさを見失った人たちも、ポジティブの賢者を前にして大喜びし「ポジティブ、ポジティブ」と口々に言うものです。ところが実際に「23字のポジティブ」の実践に取り組むかというと、どうしても取り組まない人がいるのも事実です。

深い迷いに陥るとポジティブへの道を求めながら、ポジティブへの原因がそこにあるのに気づこうとしないという場面があります。

「23字のポジティブ」を信じないだけでなく、むしろ否定しようとさえするのです。向上心を失い、ポジティブへの判断や姿勢が転倒してしまっているのです。

本当のポジティブさを求めつつ、その手段を拒絶して実践しないということ。

ポジティブを理解して、ひたむきに求める姿勢が衰弱してしまっているということ。

これをどうすると、人をポジティブへと導くことができるでしょうか？

それは世のなかに、確固とした哲学がないからだといえるかもしれません。

真と偽、善と悪、美と醜といった価値観が定まらず、判断が転倒してしまっている姿があるのが実際なのかもしれません。

112

刹那的な快楽ではなく蘇生の実践

言語による意識的な誘導自己暗示は、享楽的な現実が永遠に続いていくとの錯覚を自分に呼び起こすことを目指すものではありません。

享楽的な現実というのは、刹那的な快楽を求める姿勢のことです。一瞬だけの喜びを目指して、実践するのが「23字のポジティブ」なのではありません。

刹那的な快楽への執着は、むしろ手放すべきものです。

享楽的な現実はいつまでも続くものではなく、無常の現実のなかで前向きに物事に取り組む姿勢を継続していくことができることこそがポジティブです。

「23字のポジティブ」は「いまさえ楽しければそれで良し」とする姿勢ではなく、「何があってもこれで良かった」との何事にも崩れない基本姿勢を築くことを目指すものなのです。

つねに「今これから」と、新しく生きる輝きを蘇らせていくのが「23字のポジティブ」の蘇生の実践です。

ここにあるのは一瞬の快楽ではなく、つねに前向きに更新されていく清浄感といえるものです。

よりいっそう清く浄められた流れが、周囲をも清浄に導いていく感覚なのです。

113 古代ギリシャの歴史観

古代ギリシャ人は、人類の歴史を四つの時代に区分して考えました。それは、金、銀、銅、鉄の4時代です。金の時代では、人間がポジティブに善良と純粋を保ちました。人間の社会に、幸福と平和が満ちていた時代です。

それが、銀、銅、鉄と時代が下るに従って、人間はどんどん堕落していきました。古代ギリシャ人の間には、このような歴史感があったのです。

同じような歴史観は、日本でもあります。仏教の末法思想が、それです。正法、像法、末法と時代が下るに従って、釈迦の教えは効力を失い、現代はすでに末法にあたるとする考えです。

たしかに現代はポジティブな考え方より、ネガティブな考え方が支配的かもしれません。ポジティブを求める心がない人が、ネガティブな考え方を生み広げた国。それが、現代の日本の現実なのかもしれません。

ポジティブの賢者は、このようなネガティブな国土に生まれてこそ光を放ちます。

ネガティブへと意識が転倒してしまった人々のために、ポジティブな思考法を残そうとして社会に関わるのです。

114 ポジティブの後を継ぐ者

ポジティブの賢者がポジティブな実践に取り組むリーダーだとすると、ポジティブの後を継ぐ者はよりいっそうポジティブな存在です。

ポジティブな向上心を広く、個々人に合わせて深い実体験から伝えゆくメッセンジャーは、このポジティブの後継者だからです。

「23字のポジティブ」を実践する後継者は、人々をポジティブに導く要の役割を果たします。

一人でも多くのポジティブの行動主義者が現れ、「23字のポジティブ」を日常的に実践する本当の後継者と成長していくことが、ポジティブの賢者の心からの願いです。

ポジティブの後継者は、一面ではポジティブのメッセンジャーに過ぎないように見えます。

しかし本当の後継者は単なるメッセンジャーにとどまらず、自分自身もまたポジティブの賢者として自分のありのままのポジティブさの実証をこの世で示していく存在です。

最高のポジティブを自分自身の行動から実証し、自分自身が尊いポジティブの行動主義者であることを示していく毎日の実践です。

115 人生行路を選択するポジティブな言葉

人々に「ポジティブとはどういうことか」を示すために、時としてポジティブの賢者自身がネガティブな姿を示すということが必要かもしれません。

一旦ネガティブに陥った状況から、ポジティブな蘇生の劇を演じること。ありのままの真実のポジティブを実証してふつうの人々にもわかりやすく示すには、時としてネガティブからの復活劇を演じる必要があるからです。

「23字のポジティブ」は単に形式的な内容のない言葉ではなく、本当に実質を伴った自分自身にとって経験の裏打ちのある言葉へと成長していきます。単なる虚しい妄言にとどまらず、一旦は「方便」のすがたを取りながらも本当に人々を幸福の実感へとポジティブに導いていく言葉。それが、「23字のポジティブ」です。

ひと言でいうと「23字のポジティブ」とは、人々が自分自身の進みゆく人生行路の進路を選択させていく言葉なのです。

自分自身が賢明に、ポジティブな言葉を生活のなかで選択しゆく実践。その成長へと導くポジティブの賢者へと自分自身が成長していくことが大切です。

116 「23字のポジティブ」の心

ポジティブの賢者がポジティブであると理解できるということは、私たち自身がポジティブであるということに他なりません。

ポジティブというのは、徹頭徹尾自分自身の問題です。自分自身がネガティブだと、ポジティブの賢者もネガティブにとらえてしまいます。

ポジティブの賢者は、ポジティブの手本の一人です。この一人の模範のもとに、あらゆる人々がポジティブに集まっています。「23字のポジティブ」の実践はポジティブの賢者のポジティブさを表現するとともに、私たち自身のポジティブさを言葉にする実践です。

「23字のポジティブ」は、ポジティブな自分自身を歌った詩です。この詩をポジティブの賢者は、力強く確信をもって歌い上げます。

ポジティブの実践を堅実に健全に行い、ありのままの自分自身のままでいて十分であるということ。これが、この詩の意味するところです。

偉大なる本来の自分自身のポジティブに目覚め気づき、自覚する実践。それが「23字のポジティブ」の心なのです。

117 ポジティブとは「蘇生」の意味

ポジティブが意味するところは、「蘇生」です。

ポジティブとは、未来への希望であり勇気であり確信なのです。

ポジティブとは、私たち自身がもつ偉大な力の証明なのです。

ポジティブな自分を得るには、どのようにするとよいのでしょうか？　ポジティブな境遇は、どこか自分の外から獲得するものではありません。私たち自身のなかで自ずから躍動するポジティブな働きを、明確に開き示していくということに他ならないのです。

私自身「いつからポジティブになったのか」と聞かれると、「もともとポジティブです」と答えるだけです。

たしかに「23字のポジティブ」という言語による意識的誘導自己暗示の実践に取り組みはじめたのは、この数年のことかもしれません。

しかし、それは自分自身のなかに永遠のものとして具わっているポジティブさを示していく実践です。

本来自分のなかにあるポジティブさを呼び覚ます「蘇生」の実践が「23字のポジティブ」なのです。

118

勢いよく回転するコマ

勢いよく回転するコマは、安定して倒れることがありません。

ポジティブな活動の回転は、その勢いがよければよいほど崩れることのないものとなることができます。

逆にいうと、静止しているコマは容易に倒れます。

ポジティブな活動は、継続が大切だということ。心身ともにポジティブに活動を継続していくなかに、ポジティブの知恵の成長があるのです。

ポジティブの知恵の成長とは、あらゆる人に喜びを与えようとの無限の知恵です。本来の人間のあり方は、ポジティブのすがたをとります。このことを忘れている状態が、ネガティブだといってよいでしょう。それはあたかも分別がつかない子供のようなもので、どういう振る舞いがポジティブか、どういう振る舞いがネガティブかの区別が見えていない状態です。

いたずらっ子ほど甘えん坊で、親が自分の前からいなくなると泣き叫ぶものです。ポジティブな親はいたずらっ子にポジティブとネガティブの区別を意識させるため、意図してすがたを隠す場面があります。

119　かくれんぼの安心と信頼

あらゆる人々に本来の自分自身のポジティブに目覚めさせるため、意図してポジティブの賢者はそのすがたを隠すということがあります。ポジティブの自立を促すために、それは必要な振る舞いの一つなのです。

子供は、かくれんぼが好きです。遊びにもルールがあり、その安心と信頼の感情が育まれることがポジティブです。いま目の前にはたしかにいない人が、どこかにいて必ずまた会えるということ。このことが、ポジティブな思いを各人の胸中にもたらすのです。

ポジティブな自立の力とは、どのようなものでしょうか？

心のなかにポジティブの賢者が、いつもいるということ。

目には見えていないなかで、心のなかには信頼できる人がたしかにいるということ。

自分のことをわかってくださっている人がいて、自分のことを信頼してくださっている人がいるということです。

安心と信頼の感情こそが、大きな励みになります。

のびのびと自由にポジティブな活動に取り組んでいくことのでき、何よりも力になるのです。

著者略歴

百川　怜央（ももかわ　れお）

作家。神戸在住。フランスの薬学者エミール・クーエの提唱した言語による意識的な誘導自己暗示の理論と実践をベースにしたメンタルコントロールについての考察を深めながら、執筆活動を展開中。
著書に『ポジティブ思考ー自分を高める言葉と行動』『１分で身につく「ポジティブ力」ーあなたを成功に導く言葉とスキル』（セルバ出版）。

百川怜央ブログ　http://ameblo.jp/d60w0081

参考文献
エミール・クーエ著・林泰監修・林陽訳 『暗示で心と体を癒しなさい！』（かんき出版）2009年
C.H. ブルックス・エミール・クーエ著・河野徹訳 『自己暗示』（法政大学出版局）2010年

ポジティブ思考になる10の法則 -たった１分で人生が変わる黄金の言葉

2013年11月18日　初版発行

著　者　百川　怜央　
発行人　森　　忠順
発行所　株式会社 セルバ出版
〒113-0034
東京都文京区湯島１丁目12番６号 高関ビル５Ｂ
☎ 03（5812）1178　FAX 03（5812）1188
http://www.seluba.co.jp/
発　売　株式会社 創英社／三省堂書店
〒101-0051
東京都千代田区神田神保町１丁目１番地
☎ 03（3291）2295　FAX 03（3292）7687

印刷・製本　モリモト印刷株式会社

ISBN978-4-86367-136-2